ドラゴンドリル

DRAGON WORKBOOK ○○○○○○

小4 漢字のまき

大昔、地球には強い力をもった
ドラゴンたちが生きていた。
しかしあるとき、ドラゴンたちは
ばらばらにされ、ふういんされてしまった…。
ドラゴンドリルは、
ドラゴンを ふたたび よみがえらせるための
アイテムである。

ここには、火山やさばくにすむ
6ぴきの「こうりゅう族」のドラゴンが
ふういんされているぞ。

ぼくのなかまを
ふっかつさせて！
ドラゴンマスターに
なるのはキミだ！

なかまドラゴン
ドラコ

もくじ

1

ばくだんをつくり出す コブラドラゴン

ジャボーム

タイプ：じめん・ほのお

えに シールを はって、
ドラゴンを ふっかつさせよう！

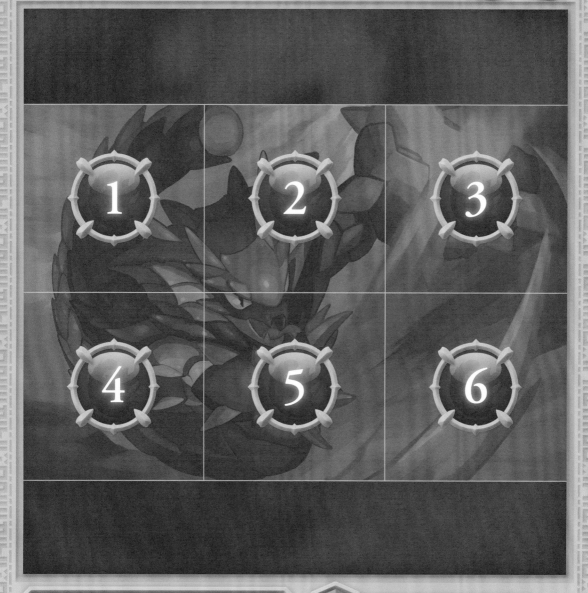

| 1 | 2 | 3 |
| 4 | 5 | 6 |

たいりょく ||||||||||

こうげき ||||||||||

ぼうぎょ ||||||||||

すばやさ ||||||||||

ひっさつわざ **スパイクボム**

しっぽの先のばくだんを
切り離し、敵に投げつけて
ばくはつさせる。

ドラゴンずかん

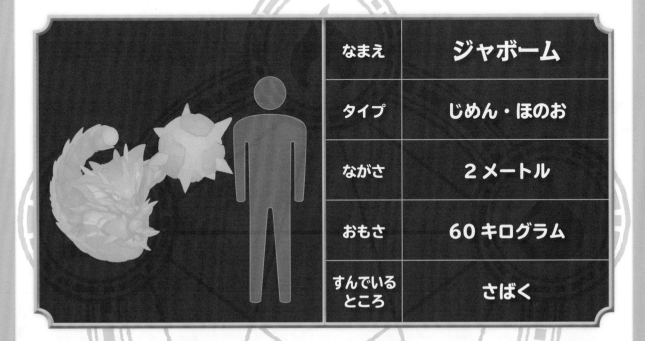

なまえ	ジャボーム
タイプ	じめん・ほのお
ながさ	2メートル
おもさ	60キログラム
すんでいるところ	さばく

しっぽの先にばくだんをつくる、へびのようなドラゴン。ばくだんはこうげきだけでなく、敵からにげるときにも役に立つ。遠くの敵が歩く音を、地面を通じて感知することができる。

きんべんに戦うさばくの戦士

ランザード

タイプ：じめん

えに シールを はって、
ドラゴンを ふっかつさせよう！

| 7 | 8 | 9 |
| 10 | 11 | 12 |

たいりょく ▮▮▮▮▮▮▮

こうげき ▮▮▮▮▮

ぼうぎょ ▮▮▮▮▮▮

すばやさ ▮▮▮▮▮▮▮

ひっさつわざ **クロスラッシュ**

両手のツメに大地の
エネルギーをため、敵にとび
かかって十字に切りさく。

ドラゴンずかん

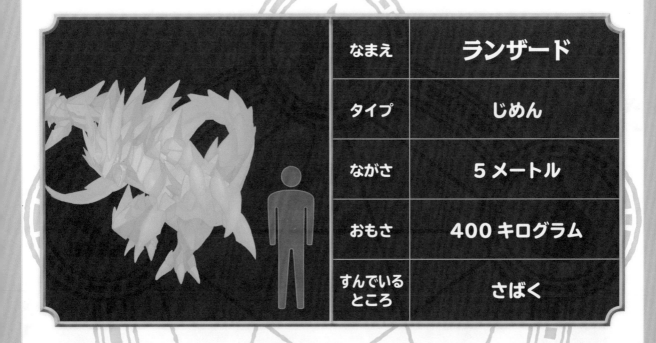

なまえ	ランザード
タイプ	じめん
ながさ	5 メートル
おもさ	400 キログラム
すんでいる ところ	さばく

どんな敵にもゆうかんにいどむ戦士。大勢で力を合わせてたたかう。何度たおされてもぜったいに起き上がるふくつの心を持つ。戦場をかけまわって役目をこなす働き者。

熱線を吐き出すとつげきほう

バクレオス

タイプ：じめん・ほのお

えに シールを はって、
ドラゴンを ふっかつさせよう！

たいりょく	‖‖‖‖‖‖
こうげき	‖‖‖‖‖‖‖
ぼうぎょ	‖‖‖‖‖‖
すばやさ	‖‖‖

ひっさつわざ インフェルノキャノン

口から巨大な熱線を
発射する。

ドラゴンずかん

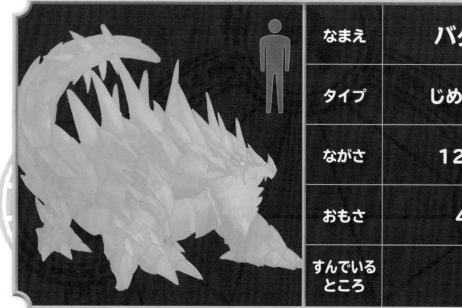

なまえ	**バクレオス**
タイプ	じめん・ほのお
ながさ	12メートル
おもさ	45トン
すんでいる ところ	さばく

体内にためたエネルギーを使い、とてつもないいきおい
で、口から熱線を発射する。熱線は進む先にあるものを
すべて破かいするので、前方に立つのはきけんだ。熱線
を発射したあとは、しばらくエネルギーをためる時間が
必要。

4

戦場を見はる司令とう

デザーメル

えに シールを はって、
ドラゴンを ふっかつさせよう！

タイプ：じめん

22	23	24
25	26	27
28	29	30

たいりょく ||||||||

こうげき ||||

ぼうぎょ |||||||

すばやさ ||||

ひっさつ わざ **チャージレーザー**

ビームを出し、仲間に
エネルギーをわけ与える。

ドラゴンずかん

なまえ	デザーメル
タイプ	じめん
ながさ	40 メートル
おもさ	120 トン
すんでいる ところ	さばく

背中に大地のエネルギーを大量にたくわえている、ラクダのようなドラゴン。左右にあるクリスタルからビームを発射して、たたかっている仲間にエネルギーをわけ与える。

なにもかもをやきつくす ばくげき竜
エンジェート

えに シールを はって、
ドラゴンを ふっかつさせよう！

タイプ：かぜ・ほのお

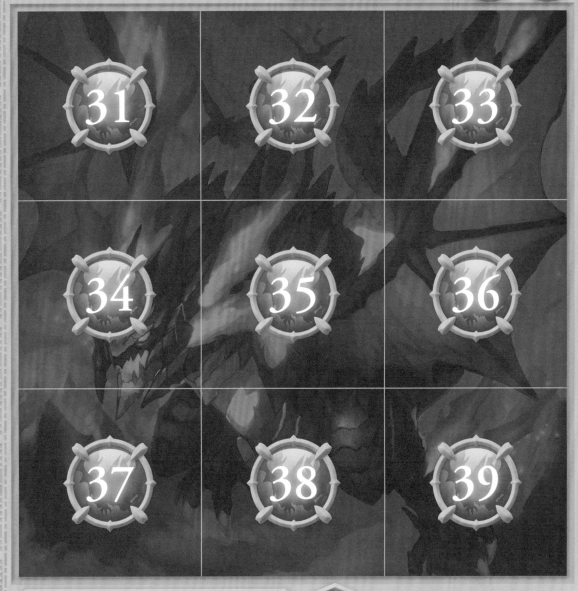

たいりょく
こうげき
ぼうぎょ
すばやさ

ひっさつわざ　ソニックバーン

上空から超スピードで
急降下し、ほのおをはいて
地面を一気にやき払う。

ドラゴンずかん

なまえ	エンジェート
タイプ	かぜ・ほのお
ながさ	50 メートル
おもさ	60 トン
すんでいる ところ	火山

全身から超高温のほのおがふき出している。高いところを飛び、空から敵をおそう。エンジェートがこうげきしたあとは、焼け野原になる。

5

破かいをもたらす ほのおと砂のぼう君

ガンガイテイ

タイプ：じめん・ほのお

えに シールを はって、
ドラゴンを ふっかつさせよう！

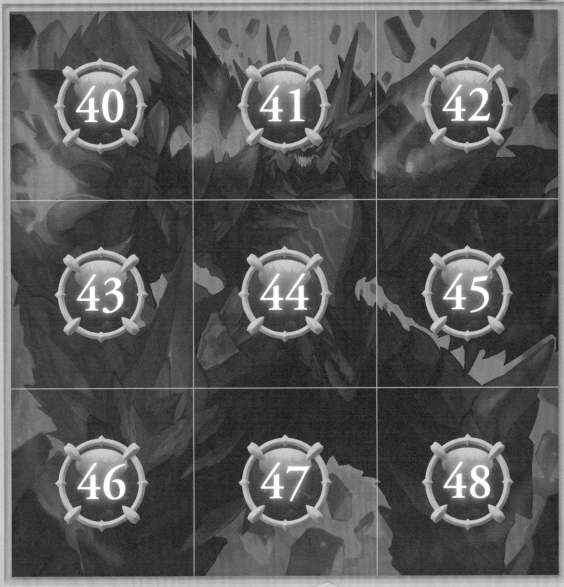

たいりょく	
こうげき	
ぼうぎょ	
すばやさ	

ひっさつわざ　**グランド・ヴォレイ**

全身の発射口からいっせいに
ビームを発射し、周りにある
ものをすべて破かいする。

ドラゴンずかん

なまえ	**ガンガイテイ**
タイプ	じめん・ほのお
ながさ	75 メートル
おもさ	200 トン
すんでいる ところ	火山

ふだんは火山の中で眠っている、こうりゅう族の王。一度めざめると、まわりのものをすべて破かいするまで止まらない。全身にエネルギーの発射口があり、あらゆる方向を同時にこうげきすることができる。

1　良・好・笑・泣

答え 113ページ

❶ 漢字の練習をしましょう。

良

はらいはねる

音　リョウ
訓　よ（い）

7画　`一 ⁱ フ ㄱ 戸 ㌍ 良`

使い方　良好　仲良し

好

少しつき出す　はねる

音　コウ
訓　す（く）・この（む）

6画　`し 𠬝 女 女㇆ 好 好`

使い方　好物　大好き

笑

「天」としない

音　（ショウ）
訓　わら（う）・え（む）

10画　`ノ ⺅ ⺮ ⺮ 竺 竺 笙 笑`

使い方　笑い声　大笑い

泣

たてに長く

音　（キュウ）
訓　な（く）

8画　`丶 氵 氵 汁 汁 泣 泣`

使い方　泣き声　泣き虫

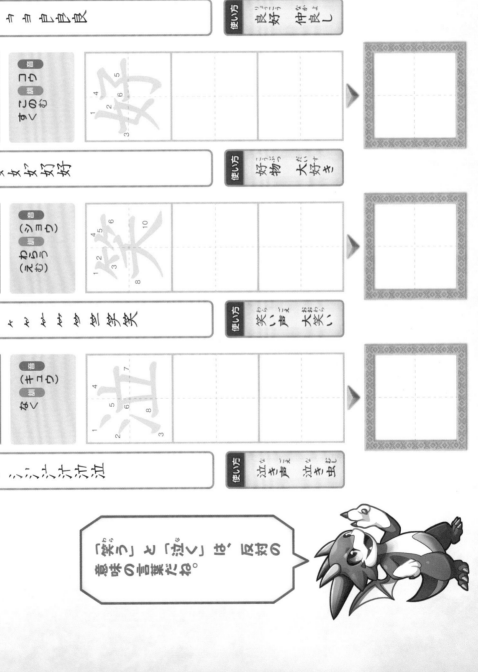

「笑う」と「泣く」は、反対の意味の言葉だね。

ほにゅうるい

種（しゅ）としてはさいきょう
のほにゅうるいだ。このポケモ
ンは大地のエネルギーを
ふだんはヘエネルギーを利用す
る。

シールをはろう！
答（こた）え合（あ）わせは
①のページの

⑤ 兄（あに）の□（このみ）に合（あ）ったみやげ本を選（えら）ぶ。

④ わたしの□□（しゅみ）はハイキングだ。

③ 妹（いもうと）は□（な）き虫だ。

② 中（なか）□（よ）しの友人と遊（あそ）ぶ。

① 楽（たの）しそうな□（わら）い声。

3 □に当てはまる漢字を書きましょう。

ていねいに書けたかな。

2 ──線の漢字の読みがなを書きましょう。

① 良好 （ 　　　 ）

② 大好き （ 　　　 ）

③ 大笑い （ 　　　 ）

④ 泣き声 （ 　　　 ）

2 成・功・失・敗・求

① 漢字の練習をしましょう。

成 はねる
音 セイ（ショウ）
訓 なる・なす

6画 ノ厂厂成成成

使い方 成長　成り行き

功 つき出す・つき出さない
音 コウ
訓 —

5画 一丁工功功

使い方 功績　成功

失 つき出す・下が長い
音 シツ
訓 うしなう

5画 ノトチ失失

使い方 失敗　見失う

敗 「攵」とつける・つけない
音 ハイ
訓 やぶれる

11画 丨冂目目目貝貝貯助敗

使い方 敗北　勝敗

求 はねる
音 キュウ
訓 もとめる

7画 一十寸寸求求求

使い方 要求　追い求める

③ □に当てはまる漢字を書きましょう。

① 画家がゆめを追い求(もと)める。

② ライバルとの戦(たたか)いに敗(やぶ)れる。

③ 実験(じっけん)が成功(せいこう)する。

④ 事の成(な)りゆきを見守る。

⑤ 人びとみなで友人を□□う。

② —線の漢字の読みがなを書きましょう。

① 成長(せいちょう) （　　　　　）

② 功績(こうせき) （　　　　　）

③ 失敗(しっぱい) （　　　　　）

④ 要求(ようきゅう) （　　　　　）

★功績…仕事などの成果。世の中のためになるようなはたらき。

冷・静・信・仲・共

① 漢字の練習をしましょう。

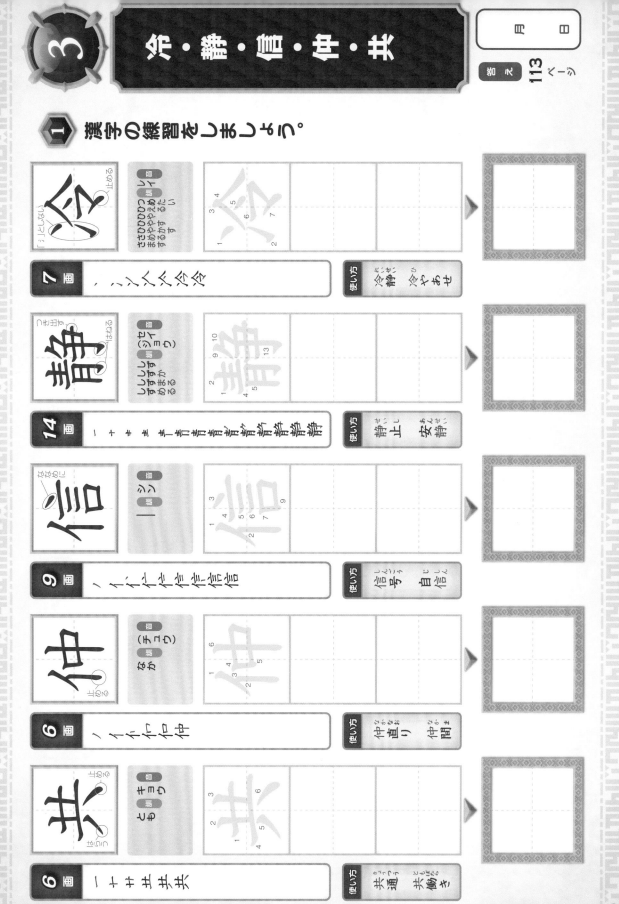

冷
ひえる・ひやす・ひや・ひやかす・さます・さめる・つめたい
音 レイ
訓 ひえる・ひや・ひやす・ひやかす・さます・さめる・つめたい

7画　丶　冫　冫　冹　冷　冷

使い方　冷静　冷やあせ

静
しずか・しず・しずまる・しずめる
音 セイ・（ジョウ）
訓 しず・しずか・しずまる・しずめる

14画　一　十　キ　キ　主　丰　青　青　青　青　静　静　静　静

使い方　静止　安静

信
音 シン
訓 ―

9画　丶　亻　仁　仁　信　信　信　信　信

使い方　信号　自信

仲
音 （チュウ）
訓 なか

6画　丶　亻　仁　仲　仲　仲

使い方　仲直り　仲間

共
音 キョウ
訓 とも

6画　一　十　井　共　共

使い方　共通　共働き

3 □に当てはまる漢字を書きましょう。

① □□ が青になる。（しんごう）

② □い ジュースを飲む。（あつ）

③ 両親は □□き だ。（とも・はたら）

④ 美術館の中は □か だ。（しず）

⑤ □□ を □じて待つ。（なか・ま／しん）

きれいに書けたかな！

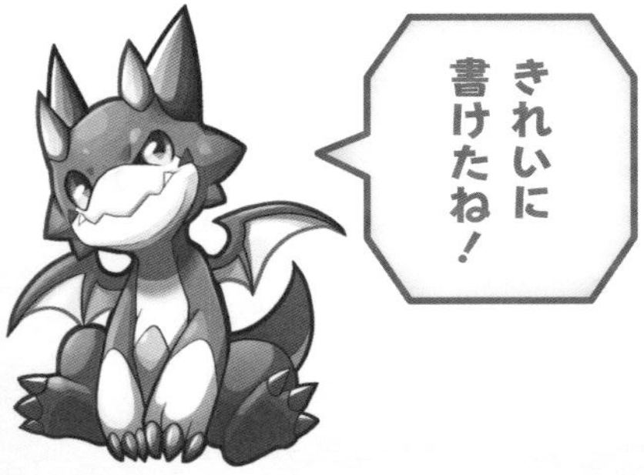

2 ──線の漢字の読みがなを書きましょう。

① 冷静 （　　　　　）

② 自信 （　　　　　）

③ 仲直り （　　　　　）

④ 共通 （　　　　　）

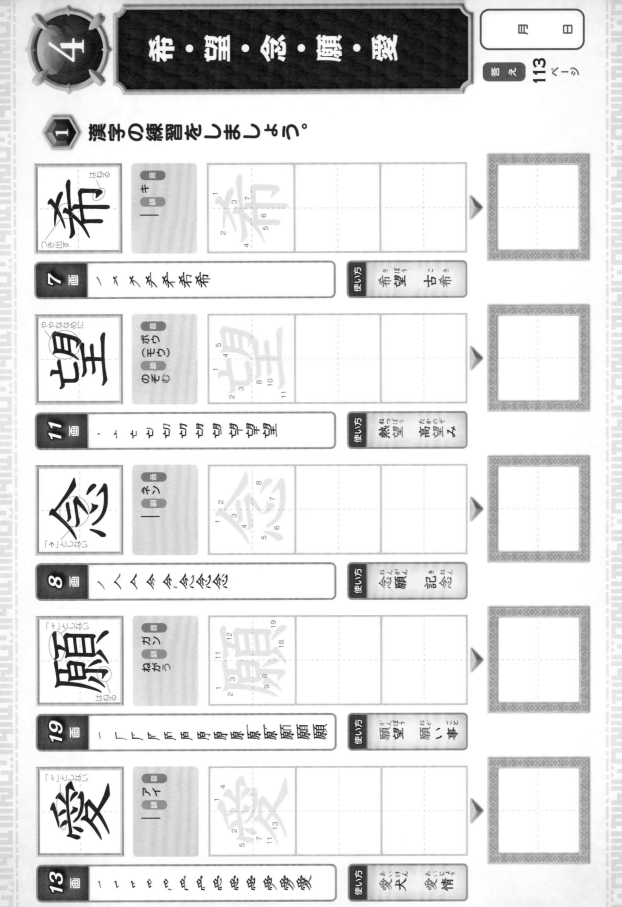

① 漢字の練習をしましょう。

21

ドッジボールのルールは、ボールをなげて、てきにボールをぶつけて、あてる。ボールのあたった人は、せんの先にあるコートにだんだん……。

こたえ合わせをしよう
→④ぺージ

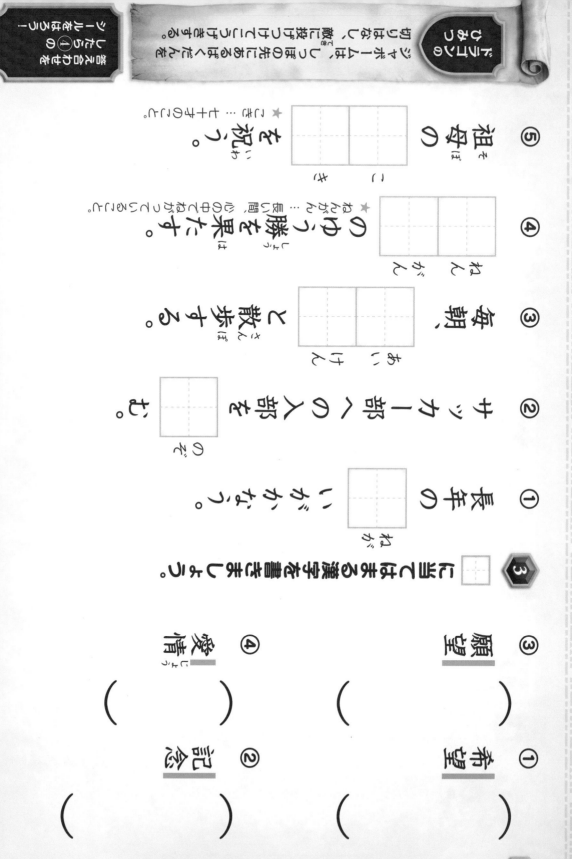

③ □ にあてはまる漢字を書きましょう。

① 長年の □（ねが）いがかなう。

② サッカー部への入部を □（のぞ）む。

③ 毎朝、□□（あいけん）と散歩する。

④ □□（ねんがん）のゆうしょうを果たす。
　★長い間、心の中でねがっていること。

⑤ 祖母（そぼ）の □□（きじゅ）を祝う。
　★八十さいのこと。

② ──線の漢字の読みがなを書きましょう。

③ 願望（がん）　　（　　　　　）　　　① 希望　　（　　　　　）

④ 愛情（じょう）　（　　　　　）　　　② 記念　　（　　　　　）

5 夫・老・孫・博

❶ 漢字の練習をしましょう。

夫
音 フ（フウ）
訓 おっと

4画 一 二 チ 夫

使い方 夫人　農夫

老
音 ロウ
訓 おいる（ふける）

6画 一 十 耂 耂 耂 老

使い方 老人　年老いる

孫
音 ソン
訓 まご

10画 了 了 孑 孑 孑 孫 孫 孫 孫

使い方 子孫　初孫

博
音 ハク（バク）
訓 —

12画 一 十 †† †† 忄 忄 博 博 博 博 博 博

使い方 博士　博物館

「博士」の「はかせ」という読み方は、
特別な読み方だよ。

ポイント
ゲームのしかたは、何度もくりかえして練習すると、エネルギーが先へ先へだんだん上がるようになる。

---

③ □に当てはまる漢字を書きましょう。

① お□と□し ……いたね。

② まい□□ のたん生をとんでいる。

③ 科学□□□ をはじかん見学する。

④ しょう来、□となる人と出会う。

⑤ キュー□□ の伝記を読む。
★ぶんしょう……せかいのひとびとをでんきにつたえた人。

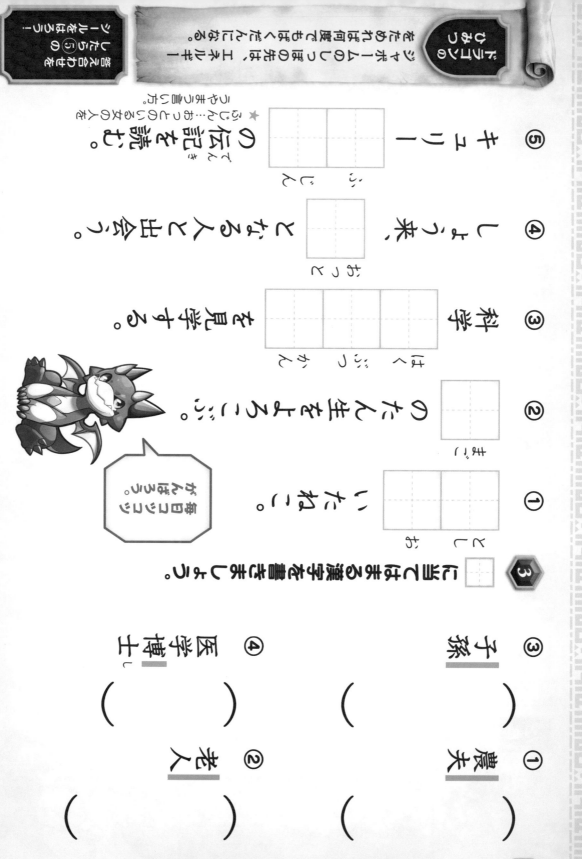

毎日コツコツがんばろう。

---

② ──線の漢字の読みがなを書きましょう。

① 農夫（　　　　）　② 老人（　　　　）

③ 子孫（　　　　）　④ 医学博士（　　　　）

1 ──線の漢字の読みがなを書きましょう。

（　　　　　）
① 孫むすめ

（　　　　　）
② 夫とつま。

（　　　　　）
③ 成功をゆめ見る。

（　　　　　）
④ 願い事をする。

（　　　　　）
⑤ 博愛の精神。
★博愛の精神…広く平等に愛する心のこと。

（　　　　　）
⑥ 試合に大敗する。
★大敗…ひどく負けること。

2 ──線の漢字の読みがなを書きましょう。

①
（　　　　　）
冷やあせが出る。
（　　　　　）
お茶が冷める。

②
（　　　　　）
好みの食べ物。
（　　　　　）
本が好きだ。

④ ——線の言葉を、漢字と送りがなで（ ）に書きましょう。

① 教室の中が<u>しずまる</u>。

（　　　　　　）

② 目標を<u>ひくく</u>ない。

（　　　　　　）

③ □に当てはまる漢字を書きましょう。

① □□（き ぼう）したクラブ活動に入る。

② 赤ちゃんが□（な）いたり□（わら）ったりする。

③ 十七の□□（ろう じん）の世話をする。

④ □□（なか）と□（とも）だちになる。

① 漢字の練習をしましょう。

児 はらう／はねる／とめる	音（ジ）／訓	児

7画　丿 ⺌ 丨 ⼨ 旧 旧 児

使い方　児童　育児

徒 そりの長く／とめる	音ト／訓	徒

10画　丶 彳 彳 彳 彴 徘 徒 徒 徒

使い方　徒歩　生徒

席 はらう／せいう	音セキ／訓	席

10画　丶 ⼀ 广 广 庐 庐 庐 席 席

使い方　席順　出席

順 とめる／そりの長く／せいう	音ジュン／訓	順

12画　丿 川 川 ⺅ 圷 順 順 順 順 順 順 順

使い方　順番　筆順

札 はねる／とめる	音サツ／訓 ふだ	札

5画　⼀ 十 木 札

使い方　千円札　名札

27

2 ――線の漢字の読みがなを書きましょう。

① 児童（　　）

② 生徒（　　）

③ 席順（　　）

④ 名札（　　）

3 □に当てはまる漢字を書きましょう。

① □□（じゅんばん）にならんで待つ。

② 家から学校まで□□（とほ）十五分だ。

③ □□□（せんえんさつ）でしはらう。

④ 出産後（しゅっさんご）に□□（いくじ）休業を取る。

⑤ 立ち入り禁止（きんし）の立て□（ふだ）。

ドラゴンのひみつ
ランザードは、両手のするどいツメで敵（てき）を切りさいてこうげきする。

答え合わせをしたら⑦のシールをはろう！

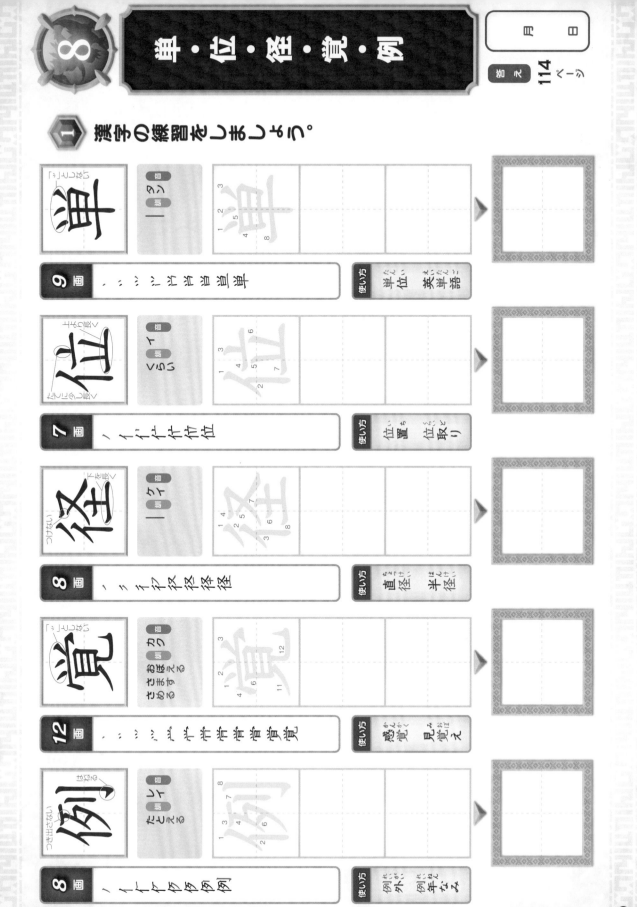

1 漢字の練習をしましょう。

単　ほそく

音 タン
訓 ―

9画　丶　ツ　ヅ　ヴ　肖　肖　畄　単

使い方　単位　英単語

位　上を長く／たてに少し長く

音 イ
訓 くらい

7画　ノ　イ　イ　伫　竹　位

使い方　位置　位取り

径　つけない／下を長く

音 ケイ
訓 ―

8画　丶　彳　彳　彳　徑　徑　徑　径

使い方　直径　半径

覚　ほそく

音 カク
訓 おぼえる／さます／さめる

12画　丶　ツ　ヅ　ヴ　严　骨　骨　骨　骨　覚　覚　覚

使い方　感覚　見覚え

例　つき出さない／はねる

音 レイ
訓 たとえる

8画　ノ　イ　イ　伢　伢　例　例　例

使い方　例外　例年　例なみ

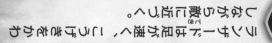

どうくつ

しながらゾンビーが近づいてくる。さらに足がすくんで動かない。

3 □に当てはまる漢字を書きましょう。

① め□□まし時計のベルが鳴る。

② た□え話をする。

③ 円の□□（ちょっけい）をはかる。

④ そろばんでわり□□（りざん）の計算のしかたを練習する。

⑤ み□□□（えい）にある英語のほん。

2 ──線の漢字の読みがなを書きましょう。

① 単位 （　　　　　）

② 半径 （　　　　　）

③ 感覚 （　　　　　）

④ 例外 （　　　　　）

★ 例外…「いつものようにはあてはまらないなかま。」

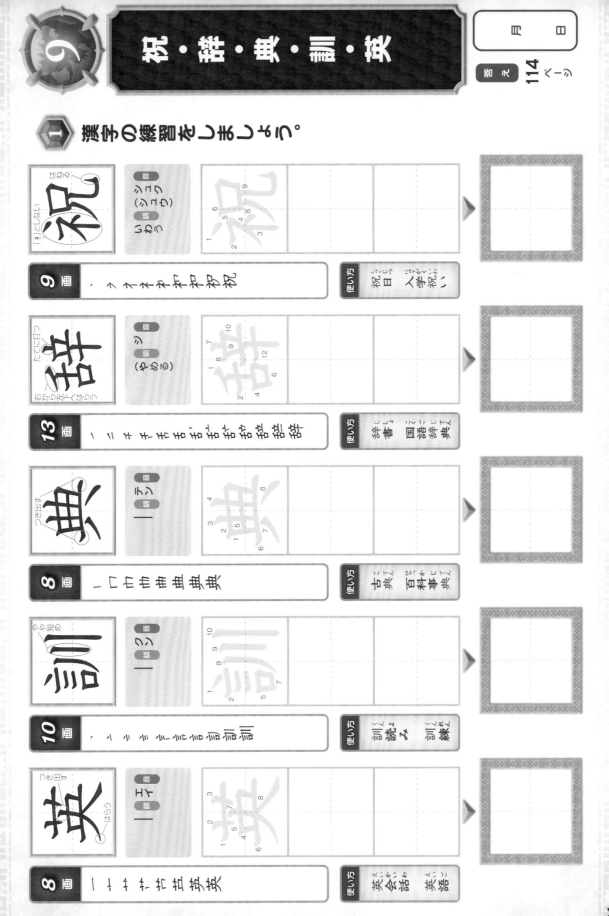

⑨ 祝・辞・典・訓・英

① 漢字の練習をしましょう。

祝
はねる
点としない

音 シュク
（シュウ）
訓 いわう

9画　、ラ ネ ネ 礻 祁 祀 祀 祝

使い方　祝日　入学祝い

辞
たてにはこ
右から左下へはらう

音 ジ
訓 （やめる）

13画　一 二 千 千 舌 舌 舌 舌 辞 辞 辞 辞 辞

使い方　辞書　国語辞典

典
つき出す

音 テン
訓 ―

8画　一 冂 曲 曲 曲 典 典

使い方　古典　百科事典

訓
ややみじかめ
みじかめ

音 クン
訓 ―

10画　、 ` 言 言 言 言 訓 訓 訓 訓

使い方　訓読み　訓練

英
つき出す
はらう

音 エイ
訓 ―

8画　一 十 艹 サ 芝 苎 英 英

使い方　英会話　英語

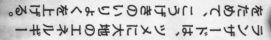

ドラゴンのめいろ

ドラゴンは、ゆびわをはめて、ビームをうちながら、大地にエネルギーをすい上げる。

③ □ に当てはまる漢字を書きましょう。

① □□ を引く。（じてん）

② 漢字の □□ み。（い）

③ 新しい百科 □□ を買う。（じてん）

④ □□□ 教室に通う。（えいかいわ）

⑤ たん □ 生日 の プレゼント。（に）

（ふきだし）よく書けたね。

② ——線の漢字の読みがなを書きましょう。

① 祝日 （　　　　　　）

② 国語辞典 （　　　　　　）

③ 訓練 （　　　　　　）

④ 英語 （　　　　　　）

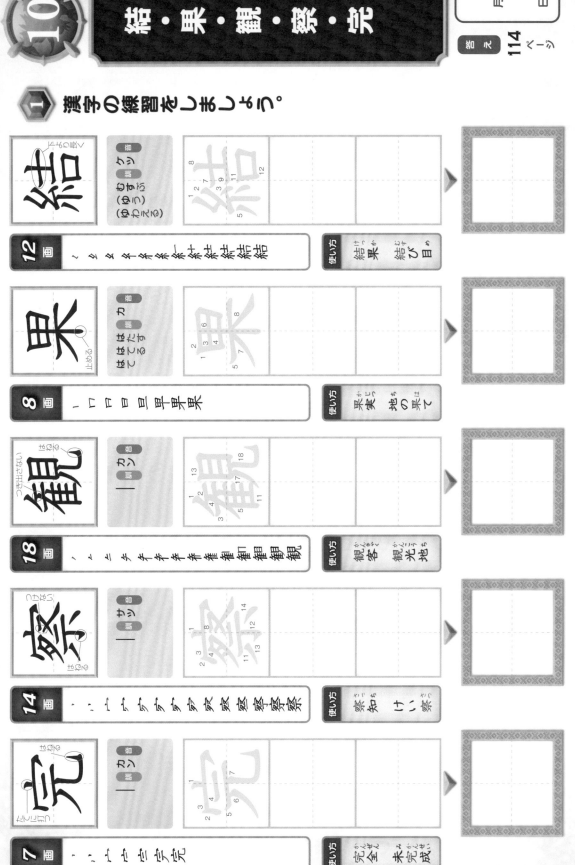

❶ 漢字の練習をしましょう。

結
筆右の長く

音 ケツ
訓 むすぶ
（ゆう）
（ゆわえる）

12画　く　ゑ　幺　糸　糸　糸一　糸十　糸士　結　結　結　結

使い方　結果　結び目

果
止める

音 カ
訓 はてる　はて

8画　一　厂　日　旦　早　里　果

使い方　果実　地の果て

観
つき出さない　はねる

音 カン

18画　ヽ　ヒ　セ　チ　チ　弁　弁　弁　雈　雚　雚　雚　靪　観

使い方　観客　観光地

察
つけない　はねる

音 サツ

14画　ヽ　ヽ　宀　宀　タ　タ　タ　タ　タ　タ　タ　察　察　察

使い方　察知　けいさつ

完
はねる　左にはらう

音 カン

7画　ヽ　ヽ　宀　宀　宀　宇　完

使い方　完全　未完成

33

上から大きくハンザードで敵にとどめをさしてげきはする。敵は1番前にいて...

ページをめくったら答え合わせをしよう！

③ □に当てはまる漢字を書きましょう。

① 写生会の絵が□□する。（furigana：かん・せい）

② 友人との約束を□たす。（furigana：は）

③ くつのひもをしっかり□ぶ。（furigana：むす）

④ きけんを□□する。（furigana：ち・し）

⑤ □□□に多くの人がおとずれる。（furigana：かん・こう・ち）

② ——線の漢字の読みがなを書きましょう。

① 結果 （　　　　）

② 観客 （　　　　）

③ けい察 （　　　　）

④ 完全 （　　　　）

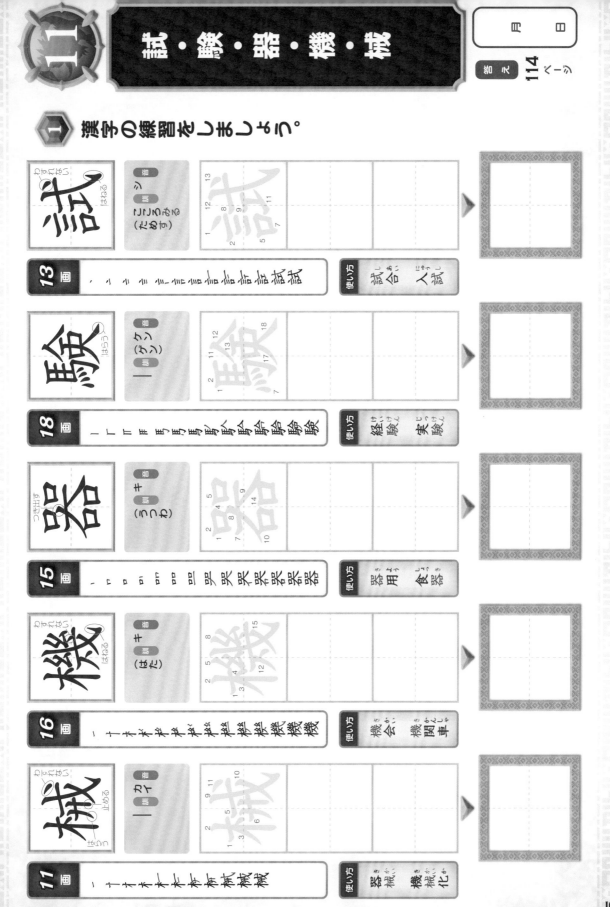

① 漢字の練習をしましょう。

試

かくれない はねる

音　シ
訓　こころみる
　　（ためす）

13画
　丶一　言　言　言　言　言　言　訂　証　試　試

使い方
試合　入試

験

はらう

音　ケン
　　（ゲン）
訓

18画
一　厂　厂　馬　馬　馬　馬　馬　馬　馬　馬　験　験

使い方
経験　実験

器

つき出す

音　キ
訓　（うつわ）

15画
丶　口　口　口　口　器　器　器　器　器　器

使い方
器用　食器

機

はねる

音　キ
訓　（はた）

16画
一　十　木　木　木　木　機　機　機　機　機　機

使い方
機会　機関車

械

かくれない　止める

はらい

音　カイ
訓

11画
一　十　木　木　木　械　械　械　械

使い方
器械　機械化

こたえ合わせをしたら⑪ページのシールをはろう！

3 □に当てはまる漢字を書きましょう。

① 母は手先が □□（きよう）だ。

② 理科の □□（じっけん）の授業が楽しみだ。

③ チャレンジする □□（きかい）にめぐまれる。

④ 新しい練習法を □（ため）してみる。

⑤ 体そうの選手 □□（きかい）にあこがれる。

2 ──線の漢字の読みがなを書きましょう。

① 試合 （　　　　）

② 経験 （　　　　）

③ 食器 （　　　　）

④ 機械化 （　　　　）

答え　114ページ

12 漢字のふく習②

1 ——線の漢字の読みがなを書きましょう。

① （　　　　　） 千の位。

② （　　　　　） 円の直径。

③ （　　　　　） バスの指定席。

④ （　　　　　） 器械体そうの選手。

⑤ （　　　　　） 筆順を調べる。

⑥ （　　　　　） レースを完走する。

2 ——線の漢字の読みがなを書きましょう。

①
┌ （　　　　　） しっかり覚える。
└ （　　　　　） 目を覚ます。

②
┌ （　　　　　） 家の表札。
│ ★表札…住む人の名を家の門戸にしめしたふだ。
└ （　　　　　） 最後の切り札。
　★切り札…とっておきの最も有力な方法。

3 □に当てはまる漢字を書きましょう。

① □□(かんさつ)したことを記録(きろく)する。

② □□(じどう)三名と□□(せいと)二名。

③ □□□(えいたんご)を□□(じてん)で調べる。

④ □□(しけん)の□□(けっか)が出る。

4 ━━線の言葉を、漢字と送りがなで(　　)に書きましょう。

① たん生日をいわう。(　　　)

② わかりやすくたとえる。(　　　)

ドラゴンのひみつ
ランザードは仲間(なかま)思いで、仲間が戦(たたか)いで傷(きず)ついたときには協力(きょうりょく)して助ける。

答え合わせをしたら⑫のシールをはろう!

給・課・唱・芸・卒

① 漢字の練習をしましょう。

	音 キュウ			
給 あげる	訓	給		

12画　く　幺　幺　糸　糸　糸　給　給　給　給　給　給

使い方　給食　給料日

	音 カ			
課 つき出さない 止める	訓	課		

15画　丶　亠　言　言　言　言　訂　評　評　評　課　課　課

使い方　課題　放課後

	音 ショウ			
唱 真ん中より上に よりやや大きく となえる	訓 となえる	唱		

11画　｜　冂　口　口　口　叩　叩　叩　唱　唱　唱

使い方　暗唱　合唱

	音 ゲイ			
芸 上の長く	訓	芸		

7画　一　十　艹　艹　芸　芸　芸

使い方　芸術　芸能の人

	音 ソツ			
卒 左に打つ 「る」にしない	訓	卒		

8画　丶　亠　ナ　ㇵ　ㇵ　卆　卒　卒

使い方　卒業　新卒

ひめおと

バンクーバーは、見た目にはすなおではない手ごわいオランウータンだ。すぐにきげんをそこねてばかりいるため、初めて出会う相手には十分に配慮しなければならない。

③ ⬡ に当てはまる漢字を書きましょう。

① 小学校を［　　］する。
（そつ・ぎょう）

② ［　　　］に通う。
（ほう・か・ご）

③ ［　］能の人においがれる。
（げい）

④ ［　　］当番になる。
（きゅう・しょく）

⑤ おぼえた［　］が、おきょうをとなえる。
（そう）

② ――線の漢字の読みがなを書きましょう。

① 給料日（きゅう・りょう・び）（　　　　）

② 課題（　　　　）

③ 合唱（しょう）（　　　　）

④ 芸術（じゅつ）（　　　　）

14 固・約・束・必・要

① 漢字の練習をしましょう。

| 固 | 音 コ
訓 かためる
　かたまる
　かたい | | | |

8画 一 二 冂 冂 甲 甲 甲 固

使い方 固定 強固

| 約 | 音 ヤク
訓 ── | | | |

9画 〈 幺 幺 糸 糸 糸 糸 糸 約

使い方 節約 予約

| 束 | 音 ソク
訓 たば | | | |

7画 一 一 一 一 一 束 束 束

使い方 約束 花束

| 必 | 音 ヒツ
訓 かならず | | | |

5画 丶 ソ 义 必 必

使い方 必死 必要

| 要 | 音 ヨウ
訓 かなめ
　（いる） | | | |

9画 一 一 一 一 一 一 一 亜 要 要 要

使い方 要求 重要

（上部見出し）

ダイコウの
バクらせからレーザを発しをのあ光でぶ銀は色り口

シールをはろう！
こたえ合わせをしたら⑭の

③ □ に当てはまる漢字を書きましょう。

① 母の日に　□□（はなたば）をおくる。

② 家に帰ったら　□（かなら）ず手をあらう。

③ いのちのせんは　□（かた）い。

④ チームの　□（かなめ）として活やくする。
★かなめ…物事の最も大切なところ。

⑤ □□（よやく）がよくきく　□□（べんり）な病院。

② ── 線の漢字の読みがなを書きましょう。

① 固定（　　　）

② 約束（　　　）

③ 必死（　　　）

④ 重要（　　　）

42

松・梅・芽・菜・種

答え 115ページ

❶ 漢字の練習をしましょう。

松
（「しょうち」くらべ）
止める

音 ショウ
訓 まつ

8画　一 十 木 木 杉 松 松

使い方　松竹梅（しょうちくばい）　松林（まつばやし）

梅
はねる
止める

音 バイ
訓 うめ

10画　一 十 木 木 杉 栂 栂 梅 梅

使い方　梅雨（つゆ）　梅ぼし（うめぼし）

芽
はねる

音 ガ
訓 め

8画　一 十 十 十 世 芋 芋 芽

使い方　発芽（はつが）　新芽（しんめ）

菜
（「采」くらべ）

音 サイ
訓 な

11画　一 十 十 十 艹 艹 苹 苹 苹 苹 菜

使い方　野菜（やさい）　菜の花（なのはな）

種
止める

音 シュ
訓 たね

14画　一 二 十 千 禾 禾 秆 秆 秆 秆 秆 種 種 種

使い方　種目（しゅもく）　火種（ひだね）

答えあわせは⑮のページをしらべよう！

3 □に当てはまる漢字を書きましょう。

① 朝顔の□□が出る。
（しんめ）

② 争あらそいの□□となる出来事。
（ひだね）
★ひだね…争いやもめごとの原因となる。

③ 公園で□ぼっくりを拾う。
（まつ）

④ □ぼしを手作りする。
（うめ）

⑤ 野原に□の花がいっせいにさく。
（な）

2 ——線の漢字の読みがなを書きましょう。

① 松竹梅　（　　　　　）
★松竹梅…松と竹と梅。めでたいもののたとえに使われる。

② 発芽　（　　　　　）

③ 野菜　（　　　　　）

④ 種目　（　　　　　）

44

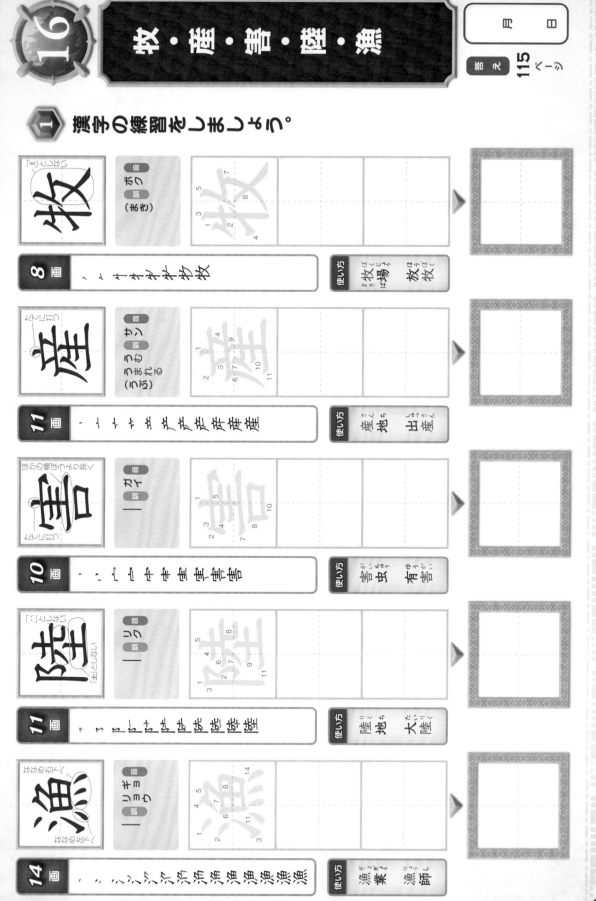

❶ 漢字の練習をしましょう。

牧 うしへん

音 ボク
訓 （まき）

8画　ノ　ト　ナ　オ　キ　牛　牧　牧

使い方　牧場（ぼくじょう）　放牧（ほうぼく）

産 たてに打つ

音 サン
訓 うむ・うまれる・（うぶ）

11画　、　一　十　十　文　产　产　斉　産　産

使い方　産地（さんち）　出産（しゅっさん）

害 たてに打つ

音 ガイ
訓 |

10画　、　ゝ　宀　宀　中　宔　実　害　害　害

使い方　害虫（がいちゅう）　有害（ゆうがい）

陸 こざとへん　はねない

音 リク
訓 |

11画　フ　ヲ　阝　阝　阡　陟　陸　陸　陸　陸　陸

使い方　陸地（りくち）　大陸（たいりく）

漁 さんずい　ななめ右上　ななめ左下

音 リョウ・ギョ
訓 |

14画　、　冫　氵　氵　汀　汀　沿　漁　漁　漁　漁　漁

使い方　漁業（ぎょぎょう）　漁師（りょうし）

45

シールを⑯こ合わせよう！
こたえ合わせをして、シールをはろう！

③ □に当てはまる漢字を書きましょう。

① 北アメリカ□□（たいりく）にわたる。

② 早朝から船で□（りょう）に出る。

③ 子犬が四ひき□（う）まれる。

④ □□（がいちゅう）をたいじにする。

⑤ □□（ぼくじょう）の牛が草を食べる。

いろんなほうへ、いねんばってね！

② ──線の漢字の読みがなを書きましょう。

① 牧牛 （　　　　　）

② 出産 （　　　　　）

③ 有害 （　　　　　）

④ 漁業 （　　　　　）

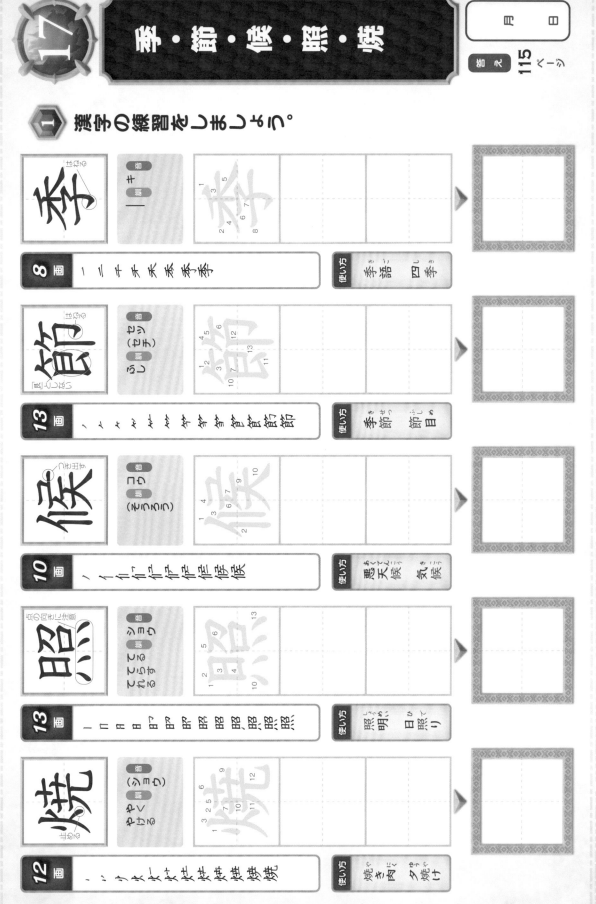

季・節・候・照・焼

① 漢字の練習をしましょう。

季 はなる

音 キ
訓 ―

8画　一 二 千 禾 禾 季 季

使い方　季語　四季

節 はなる
「艮」としない

音 セツ（セチ）
訓 ふし

13画　, ' ` ` `` ``` ``` 竺 笁 管 管 節 節

使い方　季節　節目

候 はらう

音 コウ
訓 （そうろう）

10画　, ' ` ` ` ` ` ` ` 候

使い方　悪天候　気候

照 点の向きに注意

音 ショウ
訓 てる・てらす・てれる

13画　l ロ 日 日 日刀 日刀 昭 昭 昭 昭 照 照 照

使い方　照明　日照り

焼 止める

音 ショウ
訓 やく・やける

12画　, ' 广 少一 少十 灶 灶 灶 焼 焼

使い方　焼き肉　夕焼け

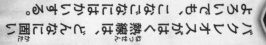

ことわざの
いみ

のどもとすぎればあつさをわすれる
くるしいことがあっても、すぎてしまえばわすれてしまうこと。

答え合わせは⑰ページの
答えをみよう！

3 □に当てはまる漢字を書きましょう。

① スケジュールに □□ が当たる。

② 人生の □□ をむかえる。

③ □□□ で飛行機がおくれる。

④ □ に肉がおいしそうにやける。

⑤ 日本には □□ がある。

---

2 ──線の漢字の読みがなを書きましょう。

① 季節 （　　　　　）

② 気候 （　　　　　）

③ 日照り （　　　　　）

④ 夕焼け （　　　　　）

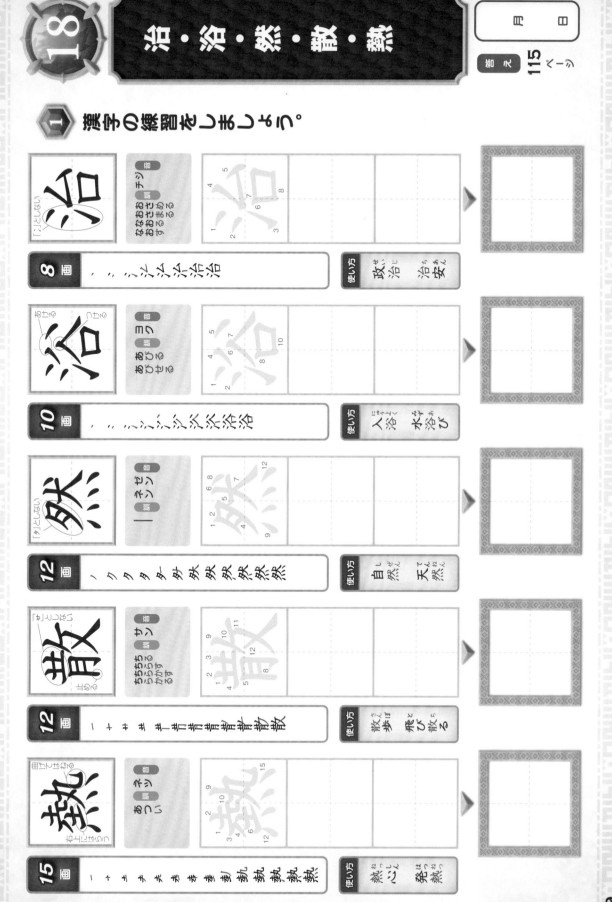

治・治・然・散・熱

答え 115ページ

① 漢字の練習をしましょう。

いっせいに何びきものバッタが横に並んで、熱線を発射するようにもなる。

答えは⑱ページ
シールをはろう！

③ □に当てはまる漢字を書きましょう。

① ちらかった部屋を□づける。

② 文鳥が□□びをする。（みず・あ）

③ はっと□□がおさまる。

④ 川ぞいの道を□□する。（さん・ぽ）

⑤ カワウは特別の□□記念物だ。（てん・ねん）

---

② ──線の漢字の読みがなを書きましょう。

① 政治　（　　　　）

② 入浴　（　　　　）

③ 自然　（　　　　）

④ 熱い　（　　　　）

⑤ お茶。（　　　　）

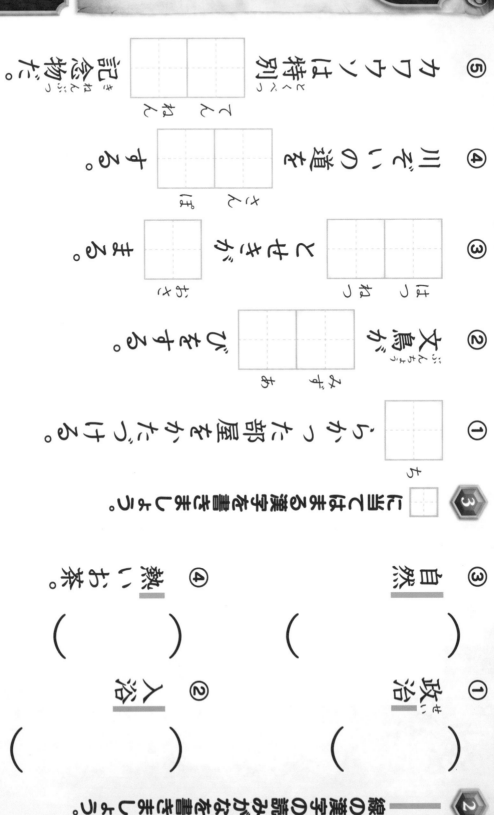

不・未・末・無・欠

答え **115** ページ

① 漢字の練習をしましょう。

不
つき出す
止める
音 フ・ブ
訓 ―
4画 一 フ 不
使い方　不ふ安あん　不ぶ気き味み

未
下を長く
音 ミ
訓 ―
5画 一 二 キ キ 未
使い方　未み知ち　未み来らい

末
上を長く
音 マツ（バツ）
訓 すえ
5画 一 二 キ 未 末
使い方　年ねん末まつ　末すえっ子こ

無
つき出す
音 ム・ブ
訓 ない
12画 ノ ト 仁 仁 缶 笧 缸 無 無 無 無
使い方　無む理り　無ぶ事じ

欠
「フ」としない
音 ケツ
訓 かける・かく
4画 ノ ク タ 欠
使い方　欠けっ席せき　満み欠か欠け

51

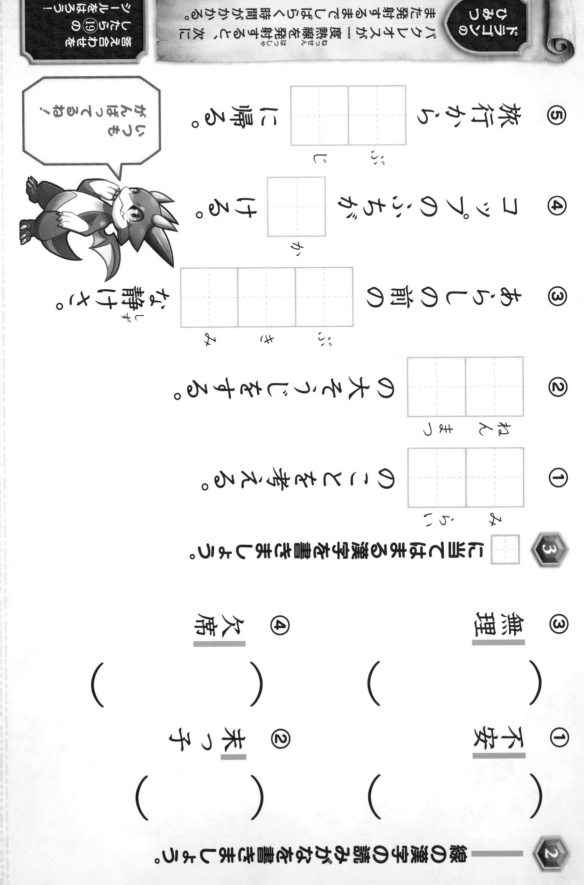

2 ——線の漢字の語みがなを書きましょう。

① 不安 （　　　）　② 末っ子 （　　　）

③ 無理 （　　　）　④ 欠席 （　　　）

3 □に当てはまる漢字を書きましょう。

① □□のことを考える。
（み・らい）

② □□の大そうじをする。
（ねん・まつ）

③ あらしの前の □□□ 静けさ。
（ぶ・き・み／なし）

④ コップのふ□がか□ける。
（か）

⑤ 旅行から□□に帰る。
（ぶ・じ）

がんばってるね！

こたえ合わせを したら⑲の シールを はろう！

52

20 包・帯・衣・類・鏡

月　　日

答え **115** ページ

① 漢字の練習をしましょう。

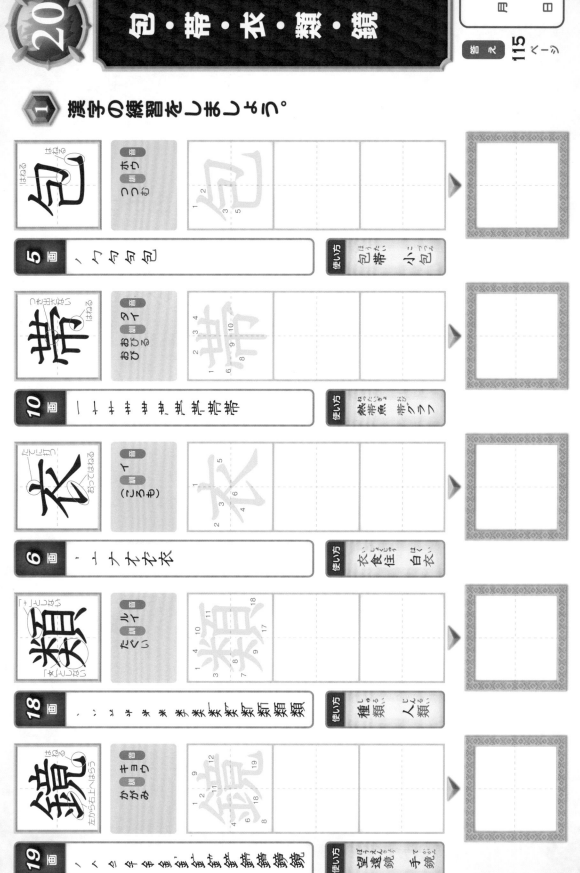

包
2はねる　1はねる
音 ホウ
訓 つつむ

5画　 ノ ク 勹 匀 包

使い方：包帯　小包

帯
つき出さない　はねる
音 タイ
訓 おびる　おび

10画　 一 十 卅 世 世 世 世 帯 帯 帯

使い方：熱帯魚　帯グラフ

衣
たてに打つ　おさえてはねる
音 イ
訓 (ころも)

6画　 一 亠 ナ 右 衣 衣

使い方：衣食住　白衣

類
「丶」をわすれない　「ノ」をわすれない
音 ルイ
訓 たぐい

18画　 丶 丶 ⁂ 半 米 米 米 粁 粁 類 類

使い方：種類　人類

鏡
はねる
左から右上へはらう
音 キョウ
訓 かがみ

19画　 ノ 人 今 牟 牟 余 金 金 釒 鋳 鏡 鏡 鏡

使い方：望遠鏡　手鏡

バケレオスは、エネルギーをデメルギーを背中のトンガから吸収（きゅうしゅう）する。

⑤ □いまれなオ能をもつ作家。（たぐ）

④ われものを新聞紙に□む。（つつ）

③ 着物に合わせて□を選（えら）ぶ。（お）

② □□□で星空を見る。（ぼう／えん／きょう）

① 夏物の□□を出す。（い／るい）

③ □に当てはまる漢字を書きましょう。

---

② ——線の漢字の読みがなを書きましょう。

① 包帯（　　）

② 白衣（　　）

③ 人類（　　）

④ 手鏡（　　）
★手鏡…小さな鏡。手に持って使う。

54

21 漢字のふく習③

1 ——線の漢字の読みがなを書きましょう。

（　　　　）　① 海水浴に行く。

（　　　　）　② 全然気にならない。

（　　　　）　③ 熱帯魚をかう。

（　　　　）　④ 小包がとどく。

（　　　　）　⑤ 書類を整理する。

（　　　　）　⑥ 無事に家に帰る。

2 ——線の漢字の読みがなを書きましょう。

① ┌（　　　　）小さな漁船に乗る。
　 └（　　　　）さんまが大漁だ。

② ┌（　　　　）王が国を治める。
　 └（　　　　）けがが治る。

ドラゴンクエストは、夜は砂の中に体を半分うめている。

答え合わせをしたら、21ページのシールをはろう！

---

④ ——線の言葉を、漢字と送りがなで（　）に書きましょう。

② 賛成をとなえる。

（　　　　　　）

① ながすと行へと伝える。

（　　　　　　）

---

③ □に当てはまる漢字を書きましょう。

④

かたい　　を　へて　を　かわす。

③
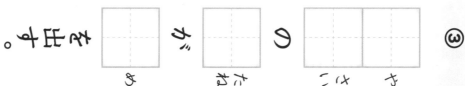
や　　の　がに　　を　出す。

②
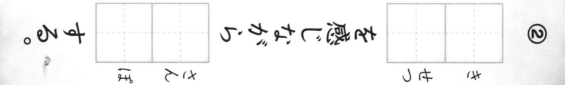
き　せつ　を感じながら　　　を　する。

①
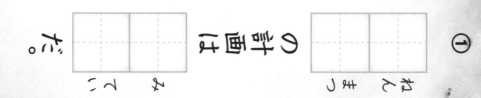
ね　ん　り　の計画は　み　てい　だ。

パズル

ドゥクンのパズル

月　　日

答え **120** ページ

① 手紙に書いてある画数の漢字を選んで、「完全」に続くように□に書き入れましょう。

- １つ目の□…十二画の漢字
- 二つ目の□…四画の漢字

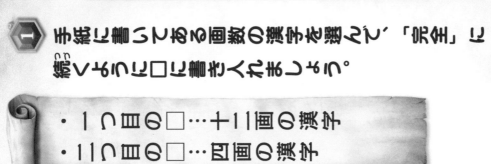

漁　衣　只　必　共　熱　無

ガンガイティ

完全 □□

② 前の言葉のあとの漢字と、次の言葉の初めの漢字がおなじになるように、漢字しりとりをしながら、ルールに行きましょう。

〈例〉出場→場面→面談

栄・養・健・康・満

① 漢字の練習をしましょう。

栄

「さかえる」

音 エイ
訓 さか(える)
（は(え)）
（は(える)）

9画　　丶丷丷丷丬丬栄栄

使い方　栄養　光栄　栄える

養

音 ヨウ
訓 やしな(う)

15画　　丶丷丷丷关关关关养养养养養養養

使い方　養分　休養

健

音 ケン
訓 （すこ(やか)）

11画　　丿亻亻亻伊伊伊伊健健健

使い方　健全　保健室

康

音 コウ
訓 ―

11画　　丶广广广广庐庐庚康康康

使い方　健康　小康

満

音 マン
訓 み(ちる)
み(たす)

12画　　丶丶氵氵汁汁汁汁汁満満満

使い方　満足　満ちお

テルメはエネルギーを背中にたくわえている。

22 答え合わせをしたら、シールをはろう！

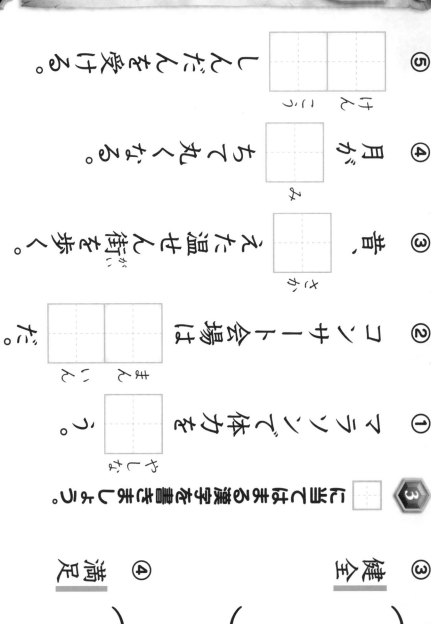

③ □に当てはまる漢字を書きましょう。

① マラソンで体力を□〔やしな〕う。

② コンサート会場は□□〔まんいん〕だ。

③ 昔、□〔さか〕えた温せん街を歩く。

④ 月が□〔み〕ちて丸くなる。

⑤ □□〔けん い〕のしんだんを受ける。

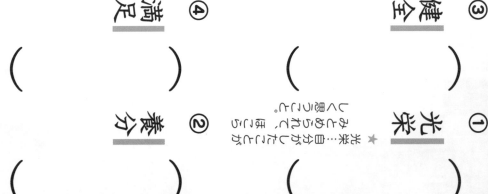

② ―線の漢字の読みがなを書きましょう。

① 光栄 （　　　　）　② 養分 （　　　　）

③ 健全 （　　　　）　④ 満足 （　　　　）

★光栄…自分のはたらきがみとめられて、ほこらしく思うこと。

23

材・料・塩・飯・量

答え 116 ページ

① 漢字の練習をしましょう。

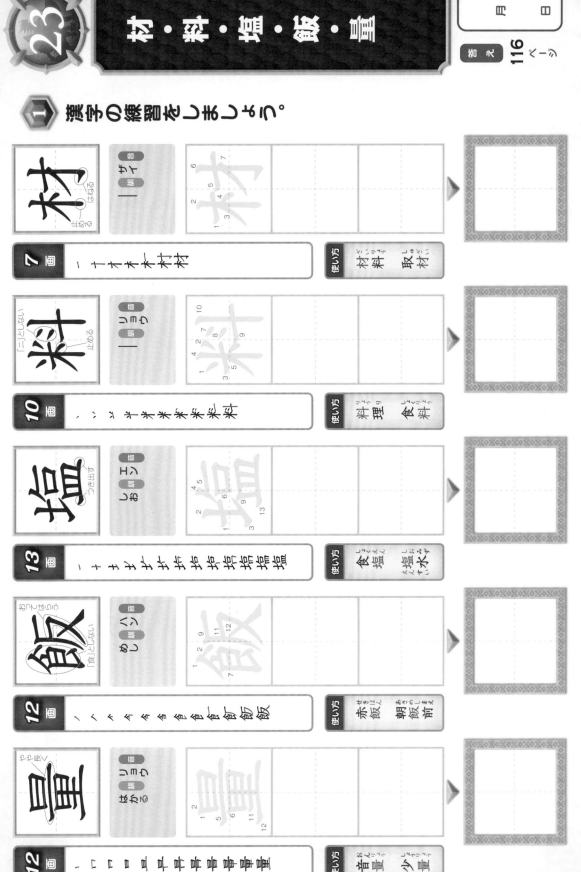

材
音 ザイ
訓 —

7画 一 十 才 木 朸 村 材

使い方 材料 取り材

料
音 リョウ
訓 —

10画 丶 丶 丶 米 米 米 米 米 料

使い方 料理 食料

塩
音 エン
訓 しお

13画 一 十 土 尹 尹 圹 圹 圹 圹 圹 塩 塩 塩

使い方 食塩 塩水

飯
音 ハン
訓 めし

12画 丶 丶 尹 今 今 食 食 食 食 飣 飯 飯

使い方 赤飯 朝飯前

量
音 リョウ
訓 はかる

12画 一 ワ 口 日 旦 早 昌 昌 昌 量 量 量

使い方 音量 少量

ドラゴンのおつげ

デザートは、べつバラ…というイメージがあるよね。あれは、あまいものは食事のときに使われていた食べものとはべつの食べもの、というわけだよ。

★あれは…あまいものは食事の食べものとはべつなんだ。

3 □に当てはまる漢字を書きましょう。

① 味つけが少し（しお）からい。

② 母から（りょうり）を習う。

③ 荷物の重さを（はか）る。

④ 新聞社の（しゅざい）を受ける。

⑤ 妹より速く走るなど…（おもしろい）ことだ。

書けたかな？

2 ――線の漢字の読みがなを書きましょう。

③ 赤飯（　　　）　① 材料（　　　）

④ 青重（　　　）　② 食塩（　　　）

24

街・灯・周・辺・置

答え 116 ページ

月　日

① 漢字の練習をしましょう。

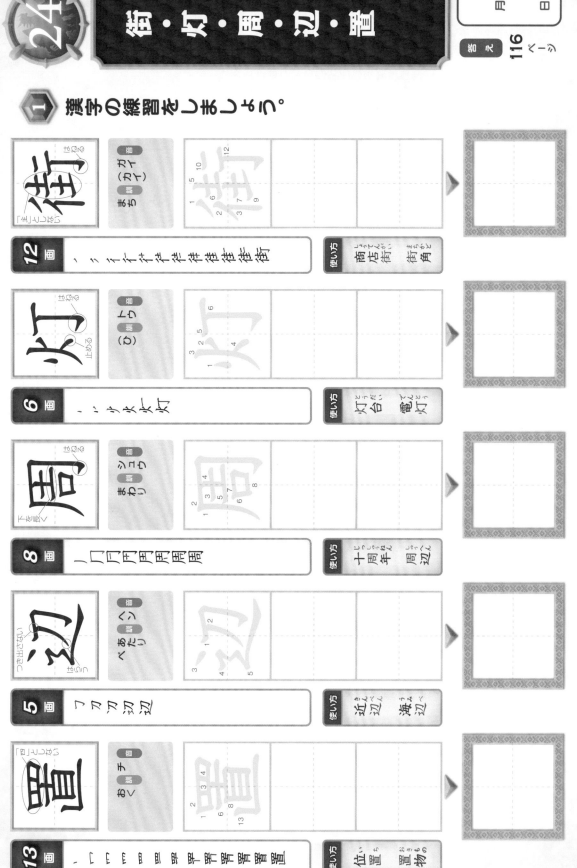

街

- **音** カイ（ガイ）
- **訓** まち

12画　ノ　ィ　彳　彳　行　行　往　往　往　街　街　街

使い方　商店街　街角

灯

- **音** トウ
- **訓** （ひ）

6画　ヽ　丶　ナ　火　灯

使い方　灯台　電灯

周

- **音** シュウ
- **訓** まわり

8画　）　冂　冂　円　用　用　周　周

使い方　一周年　周辺

辺

- **音** ヘン
- **訓** （あたり）（べ）

5画　フ　カ　刀　辺　辺

使い方　近辺　海辺

置

- **音** チ
- **訓** お（く）

13画　）　ロ　ロ　ロ　四　罒　罘　罘　罟　罟　置　置　置

使い方　位置　置き物

63

ひみつの
ことば

水を
飲まなく
ても
平気だ。
何か月も
水を飲まずに
いられる
ラクダ。

３ に当てはまる漢字を書きましょう。

① ねこの ［　　］ をかざる。
（お・もの）

② 旅館の ［　］ り を散歩する。
（まわ）

③ ［　　］ にすむ貝を取る。
（うみ・べ）
★べ…うみや川、みずうみなどの近く。

④ にぎやかな ［　　　］ 。
（しょう・てん・がい）

⑤ ［　　］ に明かりがともる。
（とう・だい）
★とうだい…港や海の近くにおかれる、目印となる明かり。船が安全に通れるように建てられたもの。

２ ――線の漢字の読みがなを書きましょう。

① 街角 （　　　　　）

② 電灯 （　　　　　）

③ 周辺 （　　　　　）

④ 位置 （　　　　　）

25

氏・氐・底・便・利

答え 116 ページ

① 漢字の練習をしましょう。

氏
- はらう
- 音 シ
- 訓 （うじ）
- 4画 丿 厂 氏 氏
- 使い方 氏名（しめい） 七氏（しちし）

低
- はらう
- 音 テイ
- 訓 ひくい ひくめる ひくまる
- わすれない
- 7画 丿 イ 仁 仟 任 低 低
- 使い方 低下（ていか） 低学年（ていがくねん）

底
- はらう
- 音 テイ
- 訓 そこ
- わすれない
- 8画 丶 亠 广 庁 庐 底 底
- 使い方 海底（かいてい） 底力（そこぢから）

便
- つき出さない
- 音 ビン ベン
- 訓 たより
- つき出す
- 9画 丿 イ 仁 仟 何 佰 佰 便 便
- 使い方 便利（べんり） 花便り（はなだより）

利
- はらう
- 音 リ
- 訓 （きく）
- 止める
- 7画 丿 二 千 千 禾 利 利
- 使い方 勝利（しょうり） 利用（りよう）

ゴミをすてるときは、
のでゴミを上のほうから
入れるといちばん早く、長
く発見するようにするのが
目次のと良い。道へ

★せ…一度の長さのことで、日本で使われている。

3 □に当てはまる漢字を書きましょう。

① 友人から□たより□がとどく。

② 日本でいちばん□ひく□い山。

③ 海の□そこ□をへらす魚たち。

④ 図書館を□り□□よう□する。

⑤ 今日はせ二十四度だ。

2 ──線の漢字の読みがなを書きましょう。

① 氏名（　　　）

② 低学年（　　　）

③ 海底（　　　）

④ 便利（　　　）

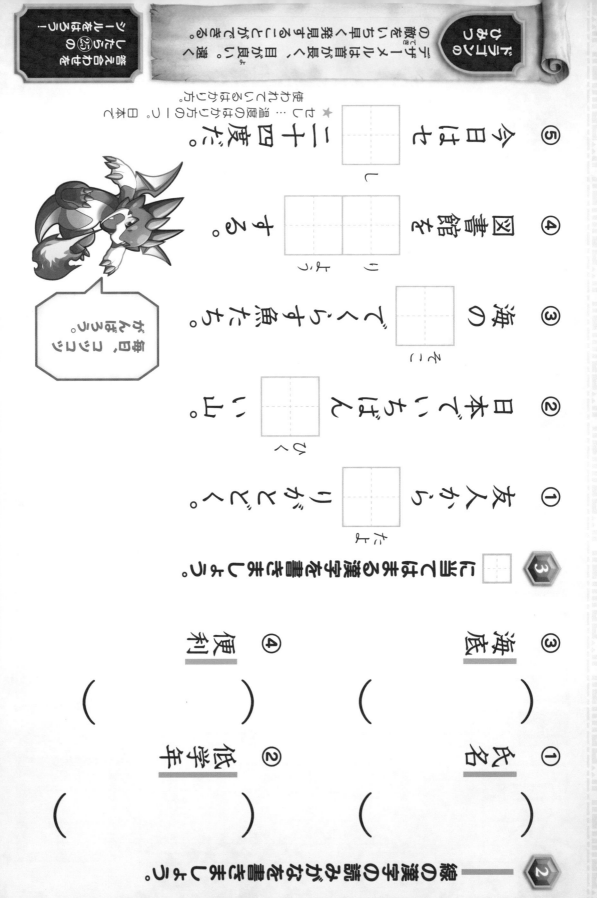

26

以・浅・残・昨・側

① 漢字の練習をしましょう。

以

音 イ

5画　丨 レ レ 以 以

使い方　以下　以前

浅　あさい　わすれない

音 （セン）
訓 あさい

9画　丶 丶 氵 汁 汁 浅 浅 浅 浅

使い方　浅はか　遠浅

残　のこる　わすれない

音 ザン
訓 のこる・のこす

10画　一 ア 歹 歹 歼 残 残 残 残 残

使い方　残念　食べ残し

昨

音 サク

9画　丨 冂 日 日 旷 旷 昨 昨 昨

使い方　昨日　昨年

側　はらう

音 ソク
訓 がわ（かわ）

11画　丿 亻 亻 亻 但 但 但 但 側 側 側

使い方　側面　両側

ドラゴンメイル

ドラゴンメイルを そうびすると、なかまの ひとりが せんとうの あとに、ほかの しんでいる なかまを いきかえらせる。

3 □に当てはまる漢字を書きましょう。

① □□の海で、深ぐ。
（とお／およ）
★とおあさ … 三さん海の ふかさからくる なみが あらいので、とおあさの 海で およぐと あぶない。

② 食べ□しをなへす。
（い）
〈よ！へ がんばって！ねる〉

③ 箱の□□がゆがむ。
（そと／へん）

④ □□の夜の出来事。
（さく／じ）

⑤ 中学生□□の子ども。
（い／か）

2 ——線の漢字の読みがなを書きましょう。

① 以前 （　　　　　）

② 残念 （　　　　　）

③ 昨年 （　　　　　）

④ 両側 （　　　　　）

27

競・争・戦・飛・折

答え 117ページ

月　日

① 漢字の練習をしましょう。

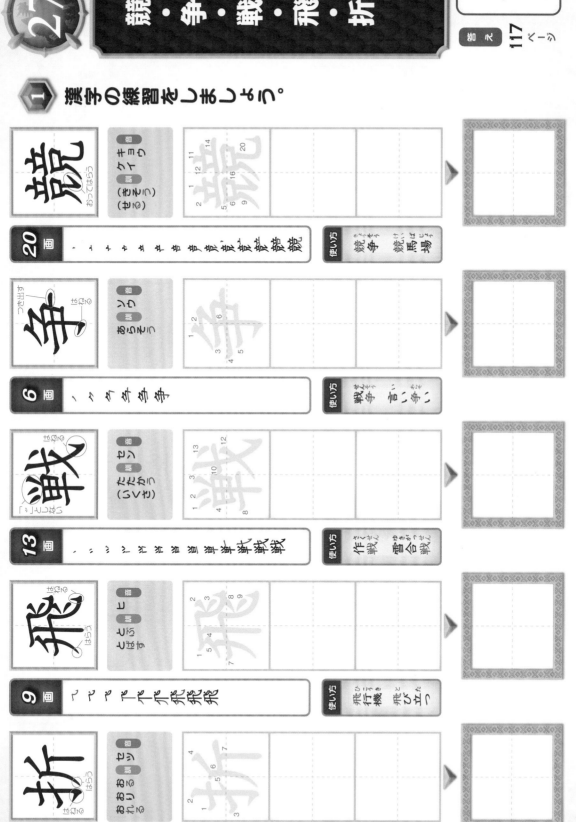

漢字	音・訓	書き順			
競 おそってはらう	音 ケイ キョウ 訓 (きそう) (せる)	競			
20画	、 丶 十 卉 立 音 音 竞 竞 竞 竞 競 競 競	使い方 競争 競馬場			
争 つき出す はらう	音 ソウ 訓 あらそう	争			
6画	丶 ク ヶ 免 免 争	使い方 戦争 言い争い			
戦 はねる とめる 「たたかい」	音 セン 訓 たたかう (いくさ)	戦			
13画	丶 丶 丶 冫 兴 肖 肖 単 単 単 単 戦 戦	使い方 作戦 雪合戦			
飛 はねる はらう	音 ヒ 訓 とぶ とばす	飛			
9画	乙 乙 飞 飞 飞 飞 飛 飛 飛	使い方 飛行機 飛び立つ			
折 おおる おれる	音 セツ 訓 おる おり おれる	折			
7画	一 十 扌 扩 折 折 折	使い方 右折 時折り			

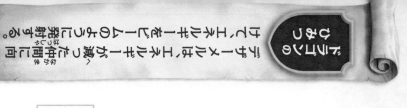

⬡ **3** に当てはまる漢字を書きましょう。

① 鳥が大空へ（と）□び立つ。

② 言い□をつける。

③ ライバルと□う。

④ 近所に□□□がある。
　★けが…きけんなようす。しょうぼうしゃをよぶ。

⑤ 転んで足首のはねを□る。

ていねいに書けたかな。

⬡ **2** ——線の漢字の読みがなを書きましょう。

③ 飛行機（　　　　　）

④ 右折（　　　　　）

① 競争（　　　　　）

② 作戦（　　　　　）

★右折…右に曲がること。「左折」反対の意味の言葉は「左折」。

28

漢字のふく習④

答え　117ページ

1 ——線の漢字の読みがなを書きましょう。

① （　　　　　）
街灯がともる。

② （　　　　　）
健康な体。

③ （　　　　　）
塩気が強いスープ。

④ （　　　　　）
分量をへらす。

⑤ （　　　　　）
バッタが飛来する。

★飛来…飛んでくること。

⑥ （　　　　　）
川底にすむ魚。

2 ——線の漢字の読みがなを書きましょう。

①
（　　　　　）
不便な場所に来る。

（　　　　　）
航空便がとどく。

②
（　　　　　）
辺りを見回す。

（　　　　　）
岸辺を散歩する。

ドラゴンの
ひみつ

エナジーが回復す
る。ゲームを
受けた仲間は、エ
ナジーのピンチを
回復する。

④ ──線の言葉を、漢字と送りがな（　）に書きましょう。

① 今日は気温が<u>ひくい</u>。（　　　　　）

② ライバルに<u>かつ</u>。（　　　　　）

---

③ □に当てはまる漢字を書きましょう。

① ［　　　　］の［　　　　］を用意する。

② 中学生の相手と［　　　　］する。

③ ［　　　　　　　　］の食事をとる。

④ ［　　　　］は［　　　　］がさびしかった。
★ さびしい…「悲」ではないので気をつけよう。

72

29

副・差・億・兆・貨

① 漢字の練習をしましょう。

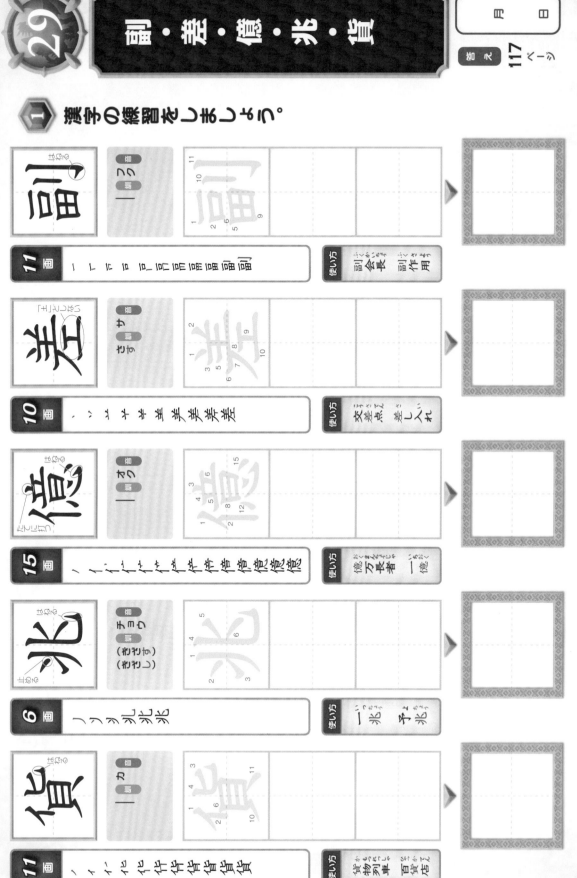

副	音 フク			
せいかい	訓			

| 11画 | 一　 T　F　F　FT　FTF　FTF　FTF　FTF　FTF　副 | 使い方 副会長　副作用 |

差	音 サ			
せいかい	訓 さす			

| 10画 | 、　　　　ソ　　ソ　　半　　差　　差　　差　　差 | 使い方 交差点　差し入れ |

億	音 オク			
せいかい	訓			

| 15画 | 、　亻　亻　亻　亻　亻　亻　俨　億　億　億　億 | 使い方 億万長者　一億 |

兆	音 チョウ			
せいかい	訓 (きざす)(きざし)			

| 6画 | ノ　ブ　ゾ　ガ　兆　兆 | 使い方 一兆　予兆 |

貨	音 カ			
せいかい	訓			

| 11画 | 、　　亻　化　化　件　件　貨　貨　貨　貨 | 使い方 貨物列車　百貨店 |

大勢の人がデモなどのために、長い隊列を組んで行進するときのイメージがある。

---

③ □に当てはまる漢字を書きましょう。

① 練習中に □（いき）を入れる。
★一息入れる … 仕事や練習などのとちゅうで、少し休むこと。

② □□（しょうてん）で □□（しなもの）を買う。
★仕入れる … 売るために、品物などを買い入れること。

③ □□（ちょう）は □□（おく）の一万倍だ。

④ 薬の □□□（ふくさよう）が起きる。
★副作用 … 薬が本来の目的以外に起こす、体に悪い動き。

⑤ 地しんの □□（よちょう）がみられる。
★ちょうこう … 何かが起こりそうな前ぶれ。

---

② ——線の漢字の読みがなを書きましょう。

① 副会長 （　　　　）

② 交差点 （　　　　）

③ 億万長者 （　　　　）

④ 貨物列車 （　　　　）
★貨物列車 … 荷物を運ぶためだけの列車

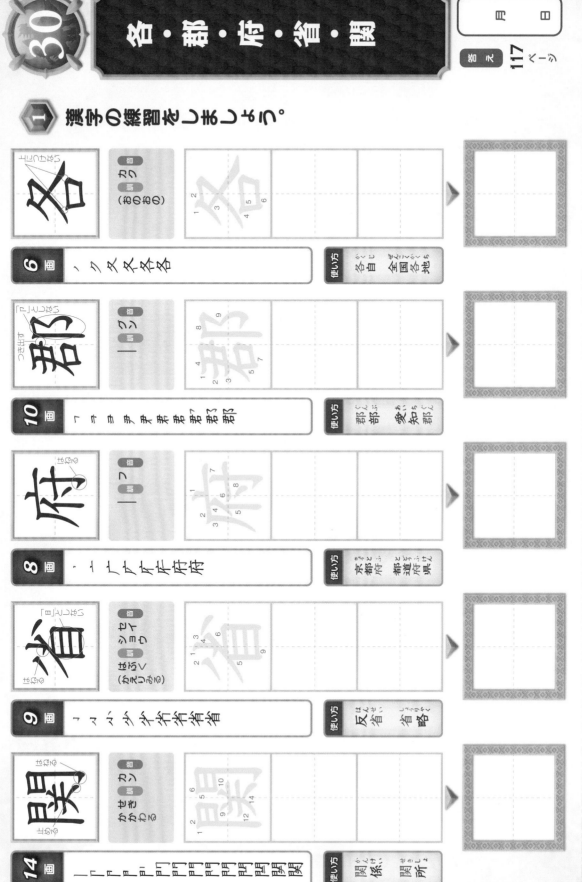

30

各・都・府・省・関

① 漢字の練習をしましょう。

各　音 カク　訓（おのおの）　6画　丶 ク タ 冬 各 各　使い方 各地 全国各地

郡　音 グン　訓　10画　フ ヲ ヲ ヲ 尹 尹 君 君 君 郡　使い方 郡部 愛知郡

府　音 フ　訓　8画　丶 一 广 广 庁 府 府　使い方 京都府 都道府県

省　音 セイ ショウ　訓 はぶく（かえりみる）　9画　丿 丶 丷 少 少 省 省 省 省　使い方 反省 省略

関　音 カン　訓 せき かかわる　14画　｜ 冂 門 門 門 門 門 門 関 関 関 関 関 関　使い方 関係 関所

3 □ にあてはまる漢字を書きましょう。

① 愛知県に愛知県に □ に住む。

② 大阪の □□ ぶり の図書館へ行く。

③ 全国 □□ かくち にある飲食店に入る。

④ 工事に □ かか わる説明会が開かれる。

⑤ 作業の余計な手間を □ はぶ く。

2 ——線の漢字の読みがなを書きましょう。

① 割引 （　　　　　）

② 都道府県 （　　　　　）

③ 反省 （　　　　　）

④ 関係 （　　　　　）

31

建・倉・景・巣

答え 117 ページ

① 漢字の練習をしましょう。

  たてる｜ケン（コン）

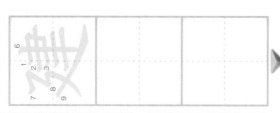 

9画 フ ユ ヨ ヨ ヨ ヨ 聿 建建

使い方 建国記念の日 建物

  くら｜ソウ

10画 ノ 人 ケ 今 今 今 倉 倉 倉 倉

使い方 倉庫 酒倉

  ｜ケイ

12画 一 ロ ロ 日 旦 早 昙 昙 景 景 景 景

使い方 景品 風景

  す｜ソウ

 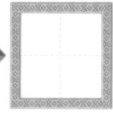

11画 ＜ ＜ ＜ ＜ 兴 兴 当 肖 肖 単 巣

使い方 巣箱 空き巣

「巣」は形のにた「果」「単」と区別して使い分けよう。

答え合わせをしたら㉛のシールをはろう！

---

③ □に当てはまる漢字を書きましょう。

① 古い □□（たてもの）がならぶ地にきた。

② 美しい □□（ふうけい）をながめる。

③ □□（けんこく）記念の日は祝日だ。

④ 小鳥が □□（すばこ）に入る。

⑤ 駅前に高そうなマンションが □（た）った。

---

② ―線の漢字の読みがなを書きましょう。

① 建物 （　　　　）

② 酒蔵 （　　　　）

③ 景品 （　　　　）
★景品…もよおし物などで、参加者にくばる品物。

④ 空き巣 （　　　　）
★空き巣…るす番の人の家などにしのび込んで、ぬすみをはたらくこと。

32 最・初・連・続・借

月　日

答え 117ページ

① 漢字の練習をしましょう。

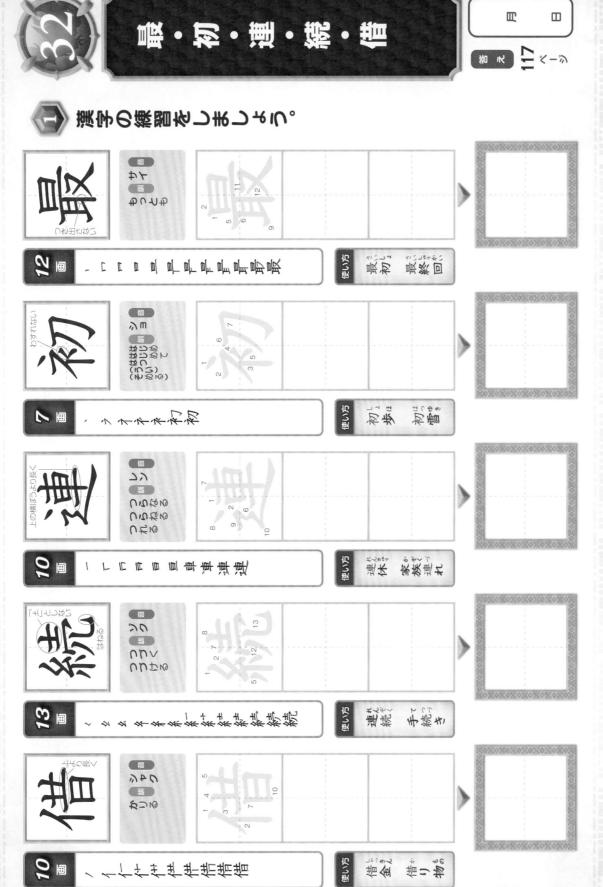

最
- つき出さない
- 音 サイ
- 訓 もっとも
- 12画
- 書き順: 一 冂 曰 旦 早 早 昌 昌 昌 最 最
- 使い方: 最初 最終回

初
- わすれない
- 音 ショ
- 訓 はじめ・はじめて・はつ・うい・そめる
- 7画
- 書き順: 丶 ラ ネ ネ ネ 初
- 使い方: 初歩 初雪

連
- 上の横ぼうより長く
- 音 レン
- 訓 つらなる・つらねる・つれる
- 10画
- 書き順: 一 口 日 日 車 車 連 連
- 使い方: 連休 家族連れ

続
- 「士」ではない
- 音 ゾク
- 訓 つづく・つづける
- 13画
- 書き順: 纟 幺 幺 糸 糸 糸 糸 紵 続 続 続 続
- 使い方: 連続 手続き

借
- 左ばらいを長く
- 音 シャク
- 訓 かりる
- 10画
- 書き順: 亻 亻 什 什 供 借 借 借
- 使い方: 借金 借り物

79

3 □に当てはまる漢字を書きましょう。

① □□で試合に勝つ。
（れんぞく）

② かりた本を返す。
（か）

③ はつゆきがふる。

④ 今年も気温の高い日。
★もうしょび…いちばんの高い日。

⑤ □□の観光客でにぎわう。

2 ──線の漢字の読みがなを書きましょう。

① 最初 （　　　　）
② 連休 （　　　　）
③ 手続き （　　　　）
④ 借金 （　　　　）

がんばるゾ。
毎日コツコツ。

積・極・的・案・司

❶ 漢字の練習をしましょう。

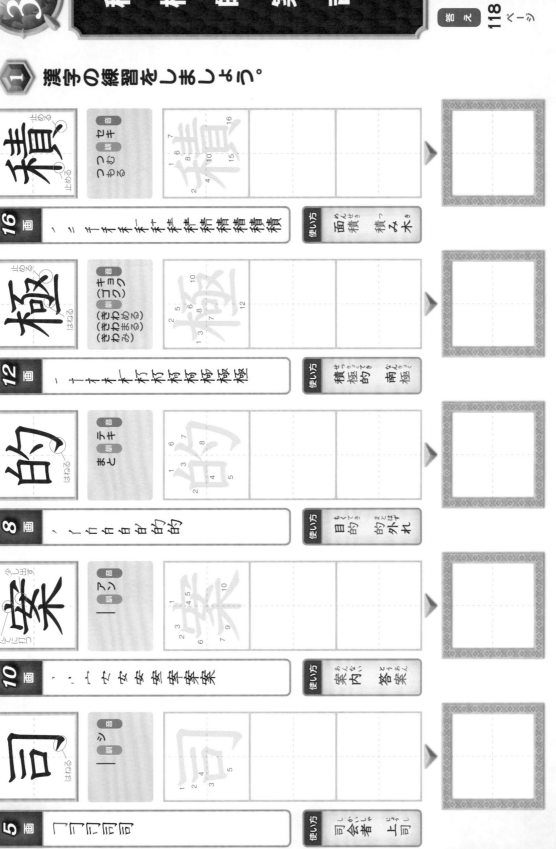

積
止める
止める
- 音 セキ
- 訓 つむ つもる

16画
丨 ノ 二 千 千 禾 禾 秆 秤 秤 秬 積 積 積 積 積

使い方　面積　積み木

極
止める
はねる
- 音 キョク ゴク
- 訓 (きわみ) (きわめる) (きわまる) (みまる)

12画
一 十 才 木 杧 朽 柯 柯 柯 極 極 極

使い方　積極的　南極

的
はねる
- 音 テキ
- 訓 まと

8画
丶 丶 白 白 白 的 的 的

使い方　目的　的外れ

案
少し出す
左に打つ
- 音 アン
- 訓 —

10画
丶 丶 宀 安 安 安 安 案 案 案

使い方　案内　答案

司
はねる
- 音 シ
- 訓 —

5画
丁 刁 司 司 司

使い方　司会者　上司

パズルを とくには、体力が ひつようのようだ。さいごまで あきらめずに たたかおう。

しっかり 書けるまで ページのさいしょに もどろう！

③ □に当てはまる漢字を書きましょう。

① [なんきょく] をたんけんする。

② 転校生に校内を [あんない] する。

③ 小さな子が [つ] み木で遊ぶ。

④ 歌番組の [しかいしゃ]。

⑤ 旅行の [もくてき] は食べ歩きだ。

② ——線の漢字の読みがなを書きましょう。

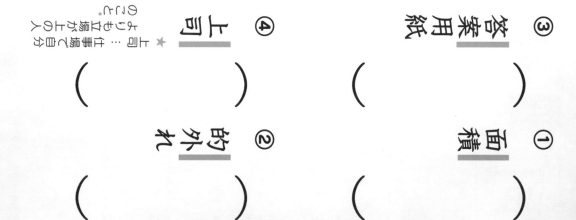

① 答案用紙 (　　　　　) ① 面積 (　　　　　)

④ 上司 (　　　　　) ② 的外れ (　　　　　)

★上司…仕事の立場が自分の上の人のこと。

① 漢字の練習をしましょう。

特 はねる
音 トク
訓 ─
止める
10画 　丶丿一牛牛牛牛特特特
使い方 特集　特別

別 はねる
音 ベツ
訓 わかれる
つける
7画 　丨口马马别别
使い方 区別　お別れ　別合

参 はねる「…」
音 サン
訓 まいる
8画 　丶丿厶矢矢参参
使い方 参考　墓参り

加 はねる
音 カ
訓 くわえる・くわわる
5画 　フカ加加加
使い方 加工　参加

清 はねる
音 セイ(ショウ)
訓 きよい・きよまる・きよめる
止める
11画 　丶丶氵汗汗清清清清清
使い方 清算　清書

ドラゴンの
ひみつ

エンジェルほ
のおをふん
射し全身から
毒からジェッ
トに加えジェ
ルのよう
する。

ページ㉞の
答え合わせを
しよう！

3 □に当てはまる漢字を書きましょう。

① お ば ん に お □ ま い り に 行 く 。
（はか／まい）

② □ ら か な 川 の 流 れ 。
（なめ）

③ 転 校 す る 友 人 の お □ れ 会 を 開 く 。
（わか）

④ 試 合 の メ ン バ ー に □ わ る 。
（くわ）

⑤ な □ □ の い ち こ う は 、 お す し た 。
（へん／し）

2 ──線の漢字の読みがなを書きましょう。

① 特集　（　　　　）

② 区別　（　　　　）

③ 参加　（　　　　）

④ 清書　（　　　　）

35

漢字のふく習⑤

1 ——線の漢字の読みがなを書きましょう。

① （　　　　　　） 美しい図案。

② （　　　　　　） 特大のケーキ。

③ （　　　　　　） 借家に住む。

④ （　　　　　　） 身を清める。

⑤ （　　　　　　） 時差ぼけが治る。
★ 時差ぼけ…時差による生活時間のずれから、体の調子がみだれること。

⑥ （　　　　　　） 米倉を取りこわす。

2 ——線の漢字の読みがなを書きましょう。

①
（　　　　　　） 母の実家に帰省する。
（　　　　　　） 説明を省略する。

②
（　　　　　　） 山々が連なる。
（　　　　　　） 犬を連れて歩く。

③ □に当てはまる漢字を書きましょう。

① アニメ番組の□□□□を見る。
（にんき）

② □□□□に□□□□に興味をもつ。
（せっきょくてき・せかい）

③ □□□□の□□分の□□。
（いちおくえん・なん）

④ ——線の言葉を、漢字と送りがな（　　）に書きましょう。

★ 新居…昔、交通の要所として栄えた宿場町だったが、今はその面影を残すのみとなっている。ただ、当時の主要な建物が、現在まで多く残されている。それらを調べてみると、人々の行き来がさかんだったことがうかがえる。昔ながらの町の様子をいまに残すとして、全国から見物人が集まることもある。

① 新居（あらい）□□
② □□に残（のこ）□□
③ 一億円（いちおくえん）□□□□
④ □□□に残（のこ）□□もの。

書きましょう。

① 練習を<u>つづ</u>ける。
（　　　　　）

② <u>はじ</u>めて見る風景。
（　　　　　）

36

改・変・付・印・刷

答え 118 ページ

❶ 漢字の練習をしましょう。

漢字	音訓	なぞり	練習
改 あらためる あらたまる	音 カイ 訓 あらためる あらたまる	改	

7画 改 `フ フ コ コ 己 改 改`

使い方 改札口 改良

| 変
かわる かえる | 音 ヘン
訓 かわる かえる | 変 | |

9画 変 `・ 一 ナ 方 亦 亦 亦 変 変`

使い方 変化 変わり目

| 付
つける | 音 フ
訓 つける つく | 付 | |

5画 付 `` ` 亻 仁 付 付`

使い方 付近 気付く

| 印
しるし | 音 イン
訓 しるし | 印 | |

6画 印 `` ` 广 厂 厂 印 印`

使い方 印象 目印

| 刷
する | 音 サツ
訓 する | 刷 | |

8画 刷 `フ コ 尸 尸 吊 吊 刷 刷`

使い方 印刷 色刷り

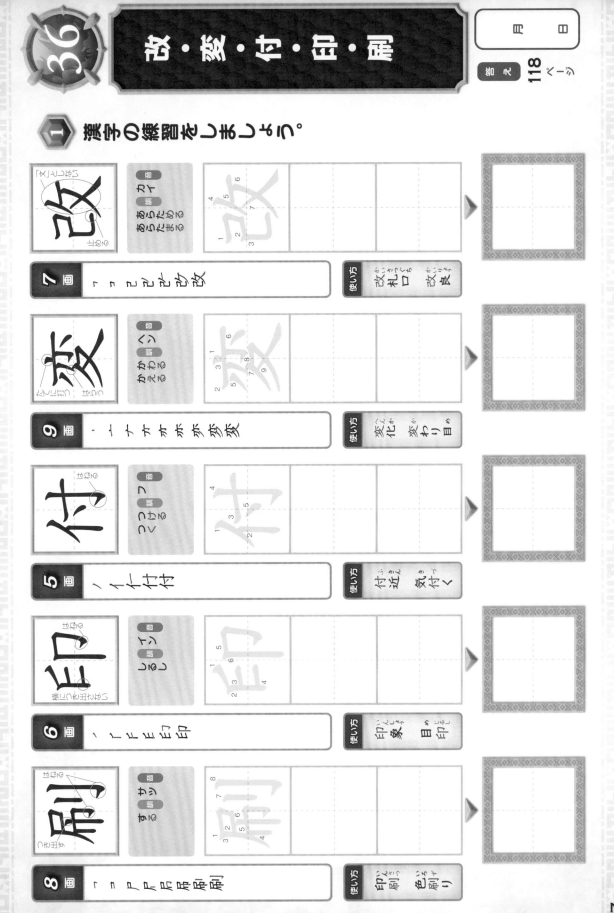

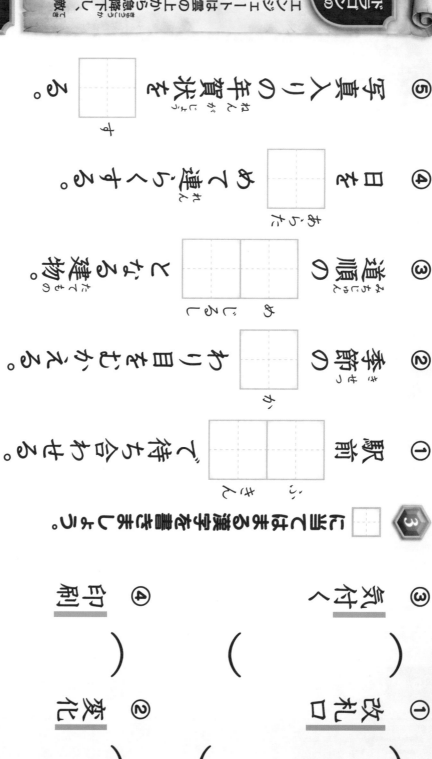

3 □に当てはまる漢字を書きましょう。

① 駅前の「□□」で待ち合わせる。

② 季節の「□□」わり目をむかえる。

③ 道順の「□□」となる建物。

④ 日を「□」あらためて連らくする。

⑤ 写真入りの年賀状を「□」す。

2 ——線の漢字の読みがなを書きましょう。

① 改札口 （　　　　）

② 変化 （　　　　）

③ 気付く （　　　　）

④ 印刷 （　　　　）

こたえ合わせをしたら、36ページのシールをはろう！

37 伝・達・議・録・標

月　日

答え **118** ページ

❶ 漢字の練習をしましょう。

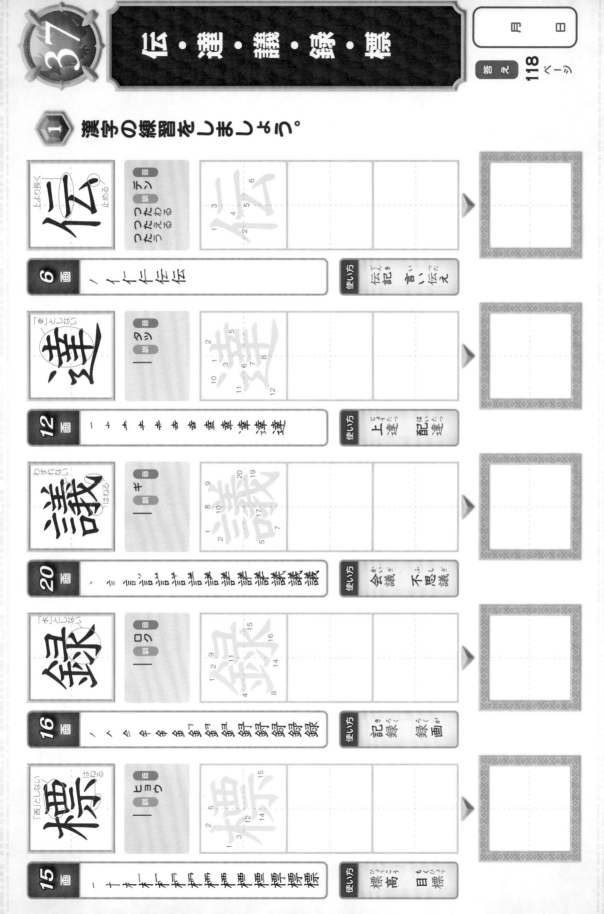

伝（上より長く／立てる）
音 デン
訓 つた（う）／つた（える）／つた（わる）
6画　ノ　イ　仁　伝　伝
使い方　伝記（でんき）／言い伝え（いいつたえ）

達（「幸」としない）
音 タツ
訓 ―
12画　一　十　土　士　去　き　き　幸　幸　達　達　達
使い方　上達（じょうたつ）／配達（はいたつ）

議（はねない／はねる）
音 ギ
訓 ―
20画　一　言　言　言　言　言　言　言　詳　詳　詳　詳　詳　議　議　議　議
使い方　会議（かいぎ）／不思議（ふしぎ）

録（「水」としない）
音 ロク
訓 ―
16画　ノ　人　牟　牟　余　金　金　釒　鈩　鉅　鋼　鋼　鋼　録
使い方　記録（きろく）／録画（ろくが）

標（「西」としない／はねる）
音 ヒョウ
訓 ―
15画　一　十　木　木　木　杯　栖　栖　栖　栖　標　標　標　標　標
使い方　標高（ひょうこう）／目標（もくひょう）

89

3 □に当てはまる漢字を書きましょう。

① ゲームのつづきが □□ する。（し・ちゃ・り）

② 古くからの言い □ えを守る。（つた）

③ テレビ番組を □□ する。（ろく・が）

④ □□ の高い山にのぼる。（ひょう・こう）
　★ひょうこう…海面からの陸地の高さ。

⑤ 村に □□□ な昔話が残っている。（ふ・し・ぎ）

2 ──線の漢字の読みがなを書きましょう。

① 伝記 （　　　　　　）

② 配達 （　　　　　　）

③ 会議録 （　　　　　　）
　★会議録…会議を記録したものの答え。

④ 目標 （　　　　　　）

90

38

勇・努・労・働・協

① 漢字の練習をしましょう。

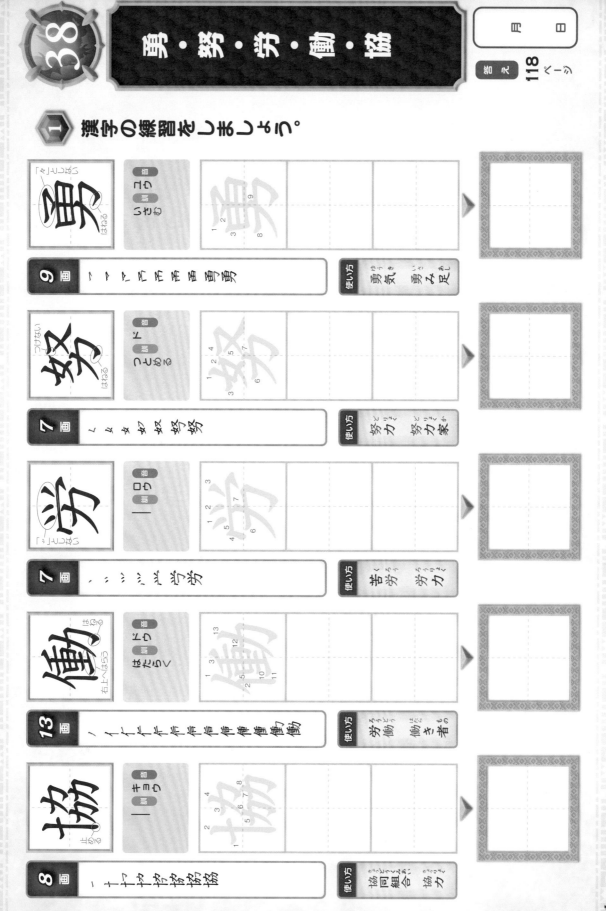

勇
いさむ
[おとこ]

音 ユウ
訓 いさむ

9画　フ　マ　ア　ア　丙　甬　甬　勇　勇

使い方　勇気　勇み足

努
つとめる
[ちから]

音 ド
訓 つとめる

7画　く　タ　タ　奴　奴　努

使い方　努力　努力家

労
[ちから]

音 ロウ
訓 —

7画　ヽ　ヽ　ヽ　ヽ　ヴ　労　労

使い方　苦労　労力

働
はたらく
[にんべん]

音 ドウ
訓 はたらく

13画　ノ　イ　イ　仁　佑　佑　信　俥　俥　働　働

使い方　労働　働き者

協
[ちから]

音 キョウ
訓 —

8画　一　十　十　协　协　协　協

使い方　協同組合　協力

エールとは、大きなジェットを空中にふき出すことに対して、敵にぶつけている高速…

エールをおくる ❸の答え合わせをしよう！

---

❸ □に当てはまる漢字を書きましょう。

① 問題の解決に□（と）める。

② □□（きん・ろう）感謝（かんしゃ）の日

③ □（いさ）ましに行進曲。

④ 仲間（なか）と□□（きょうりょく）し合う。

⑤ 毎日せっせと□（はたら）く。

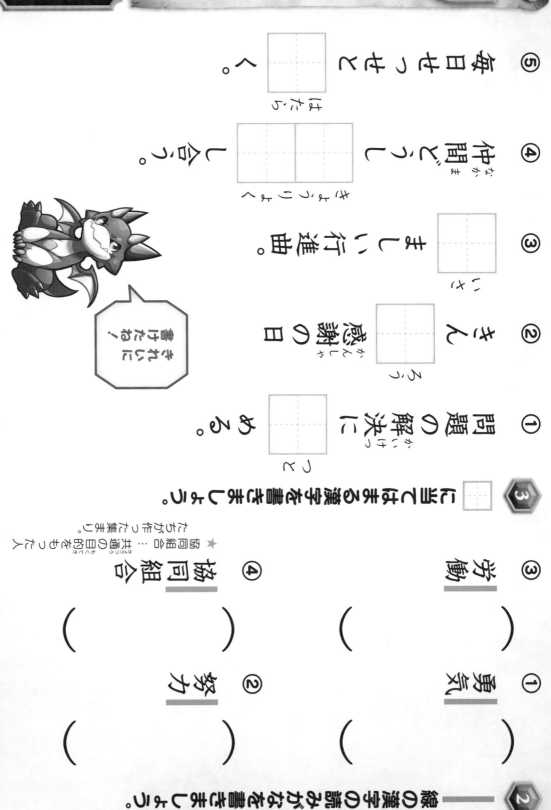

書けたね！

---

❷ ――線の漢字の読みがなを書きましょう。

① 勇気（　　　　）

② 努力（　　　　）

③ 労働（　　　　）

④ 協同組合（　　　　）

★協同組合…たがいに協力し合う人たちが共通の目的のために作り合わせした人たち。

39

選・挙・説・管・官

答え 119ページ

① 漢字の練習をしましょう。

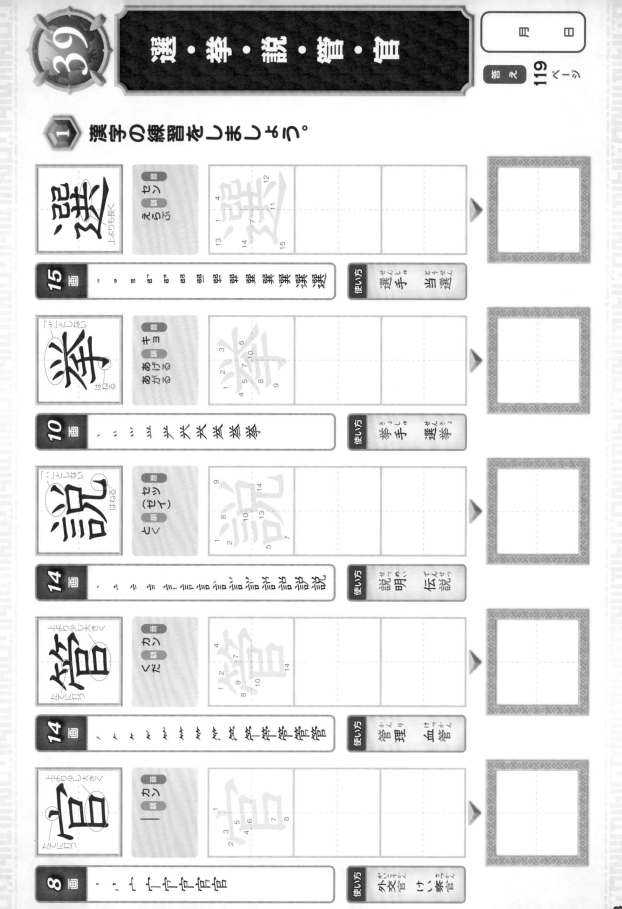

選
上よりも長く

音 セン
訓 えらぶ

15画　選

使い方　選手　当選

挙
はねる

音 キョ
訓 あげる・あがる

10画　挙

使い方　挙手　選挙

説
はねる

音 セツ（ゼイ）
訓 とく

14画　説

使い方　説明　伝説

管
左にはらう　たてに打つ

音 カン
訓 くだ

14画　管

使い方　管理　血管

官
左にはらう　たてに打つ

音 カン
訓 ―

8画　官

使い方　外交官　警官

③ □に当てはまる漢字を書きましょう。

① けいさつ □ に道を聞く。

② わかりやすく □□ する。

③ 答えの例に □ げる。

④ ホースの □ を丸める。

⑤ 学級委員に □ ばれる。

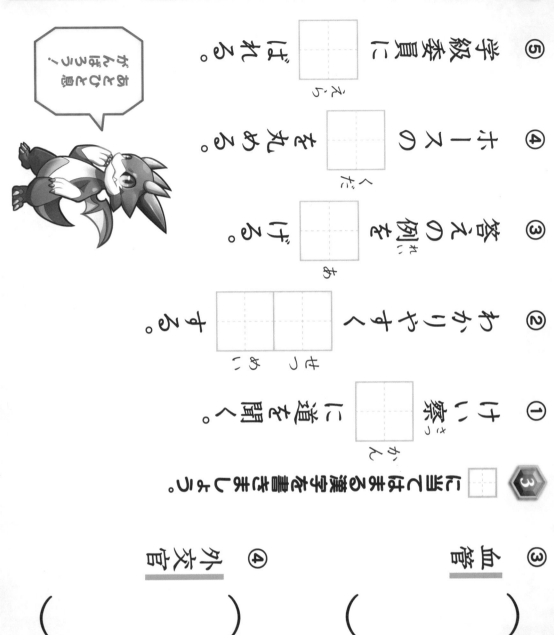

がんばろう！
あと ひと息！

② ──線の漢字の読みがなを書きましょう。

① 選挙 （　　　）

② 伝説 （　　　）

③ 血管 （　　　）

④ 外交官 （　　　）

40

法・令・民・臣・票

答え 119 ページ

① 漢字の練習をしましょう。

音 ホウ（ハッ）（ホッ）
訓
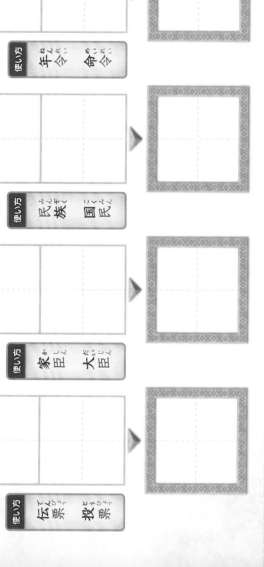

8画 　一 丶 丶 氵 汁 汁 沣 法

使い方　作法（さほう）　方法（ほうほう）

音 レイ
訓

5画 　ノ 人 今 今 令

使い方　年令（ねんれい）　命令（めいれい）

音 ミン
訓 たみ

5画 　コ コ 尸 民 民

使い方　民族（みんぞく）　国民（こくみん）

音 シン ジン
訓

7画 　一 丨 厂 厈 臣 臣 臣

使い方　家臣（かしん）　大臣（だいじん）

音 ヒョウ
訓

11画 　一 一 一 一 両 両 亜 亜 栗 票 票

使い方　伝票（でんぴょう）　投票（とうひょう）

ゾウは、
体重は、
二〇〇〇
キログラム
以上とも
ある。

③ □にあてはまる漢字を書きましょう。

① □□の意見を政治に取り入れる。（こくみん・せいじ）

② との様と、その□□。（かしん）

③ クラスの代表を□□で決める。（とうひょう）

④ 正しい□□を学ぶ。（さほう）
★さほう…ぎょうぎやれいぎのこと。れいぎ正しいふるまいのこと。

⑤ 同じ□□のことで遊ぶ。（ねんれい）

② ──線の漢字の読みがなを書きましょう。

① 法令（　　　）
★法令…ほうりつやめいれい。

② 民族（　　　）

③ 大臣（　　　）

④ 伝票（　　　）
★伝票…お金の出し入れや品物の受け取りの内容を書き入れる紙。

41

軍・兵・隊・旗・輪

❶ 漢字の練習をしましょう。

軍
やや長めに

音 グン
訓

9画 ′ 冖 冖 宀 育 育 宣 軍

使い方 軍人　軍手

兵
つきぬく

音 ヘイ・ヒョウ
訓

7画 ′ ′ ド 斤 丘 乒 兵

使い方 兵隊　兵庫県

隊
はねる

音 タイ
訓

12画 ′ ′ ′ 阝 阝 阝 防 防 隊 隊 隊 隊

使い方 軍隊　隊列

旗
はためく
はた

音 キ
訓 はた

14画 ′ ′ プ 方 方 方 扩 於 斿 斿 旃 旗 旗 旗

使い方 国旗　手旗信号

輪
「冊」としない
わ

音 リン
訓 わ

15画 ′ ′ 厂 月 百 亘 車 車 軒 軒 軒 輪 輪 輪 輪

使い方 車輪　首輪

③ □ に当てはまる漢字を書きましょう。

① 犬の 〔びわ〕 を新しくする。

② 〔べんて〕 をして荷物を運ぶ。
★ 〔べんて〕…人力で、大きな糸であたた作業用の。

③ 〔ひょうけん〕 に引いていす。

④ 〔はた〕 をふってこたえる。

⑤ 〔たいれつ〕 を組んで歩く。
★ 〔たいれつ〕…一人が集まって作る列。

② ——線の漢字の読みがなを書きましょう。

① 軍人 （　　　　）

② 兵隊 （　　　　）

③ 国旗 （　　　　）

④ 車輪 （　　　　）

98

42

漢字のふく習⑥

1 ――線の漢字の読みがなを書きましょう。

①（　　　　　　　）　ルビーの指輪。

②（　　　　　　　）　洋服にどろが付く。

③（　　　　　　　）　大変おもしろい。

④（　　　　　　　）　平和を説く。
★ 説く…話してよくわからせる。

⑤（　　　　　　　）　校旗をあげる。

⑥（　　　　　　　）　標語を考える。
★ 標語…ある考えや主張をわかりやすく短くまとめた言葉。

2 ――線の漢字の読みがなを書きましょう。

①
（　　　　　　　）　核兵器に反対する。

（　　　　　　　）　兵庫県出身の作家。

②
（　　　　　　　）　印象に残る。

（　　　　　　　）　矢印を書き入れる。

4 ——線の言葉を、漢字と送りがなで（　）に書きましょう。

① 感謝の気持ちを<u>つたえる</u>。（　　　）

② 会社員として<u>はたらく</u>。（　　　）

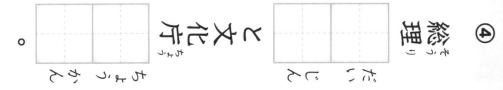

3 □に当てはまる漢字を書きましょう。

① あの（せんしゅ）は（　　　　　）だ。

② 武道の（ゆうしゅう）だ…（　　　　）
★ を すじいたなまえ（前）に。
たいじだん。を
たしなむ。

③ （ほうれい）を（かいせい）する。
★ …ほうりつやきそくなどを あたらしくかえたりすること。

④ 総理（だいじん）と文化庁（ちょう）（　　　　　）。

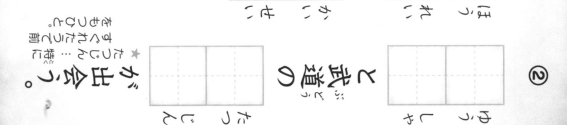

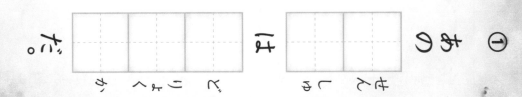

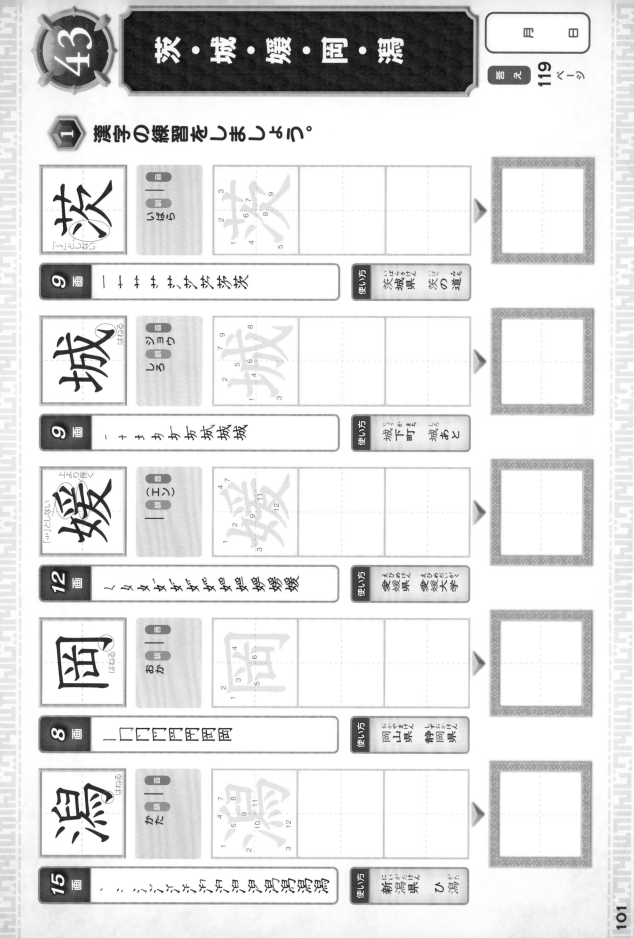

① 漢字の練習をしましょう。

茨 いばら

音 ―
訓 いばら

9画　一 十 十 艹 茅 茅 茨 茨 茨

使い方　茨城県　茨の道

城 しろ

音 ジョウ
訓 しろ

9画　一 十 圢 圢 圹 城 城 城

使い方　城下町　城あと

媛 ひめ

音 （エン）
訓 ―

12画　し 乜 女 女 女 妒 妒 妒 婔 媛 媛 媛

使い方　愛媛県　愛媛大学

岡 おか

音 ―
訓 おか

8画　丨 冂 冂 門 門 岡 岡 岡

使い方　岡山県　静岡県

潟 かた

音 ―
訓 かた

15画　丶 氵 氵 氵 沪 泸 泻 泻 渭 潟 潟 潟

使い方　新潟県　干潟

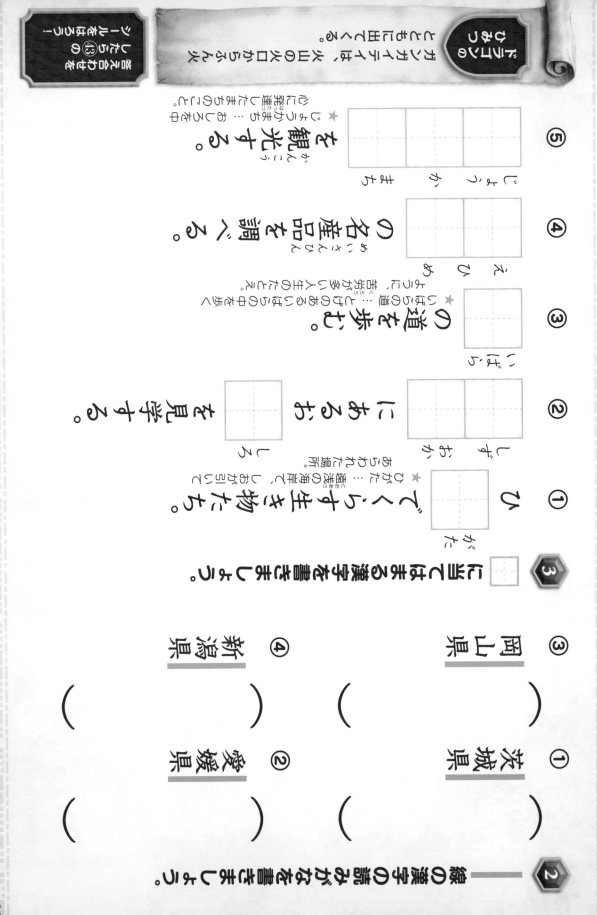

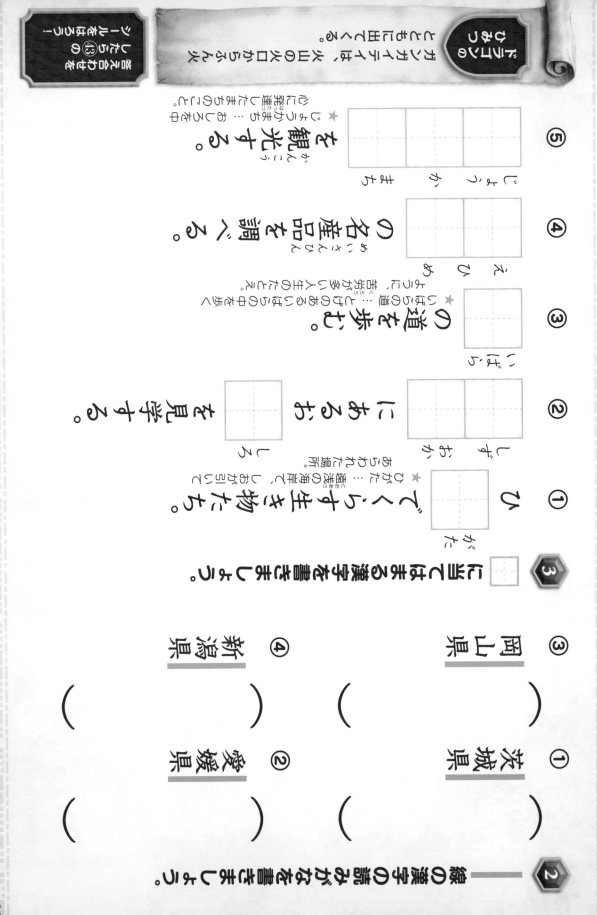

ヒョウのなかまたちは、次の下口からえらんだことばに当てはまる……。

答え合わせをして、
シールをはろう！

3 □に当てはまる漢字を書きましょう。

① ［　］ でくらす生き物たち。
★ あさい海岸で、潮が引くとあらわれる場所。

② ［　］ にあるおしろを見学する。

③ ［　］ の道を歩む。
★ けわしい道…苦労が多い人生のたとえ。

④ ［　］ の名産品を調べる。

⑤ ［　］ を観光する。
★ ヒョウが心うきうきして発車しちゃった…あわてるちゅう中を。

2 ——線の漢字の読みがなを書きましょう。

① 茨城県 （　　　）　②愛媛県 （　　　）

③ 岡山県 （　　　）　④新潟県 （　　　）

102

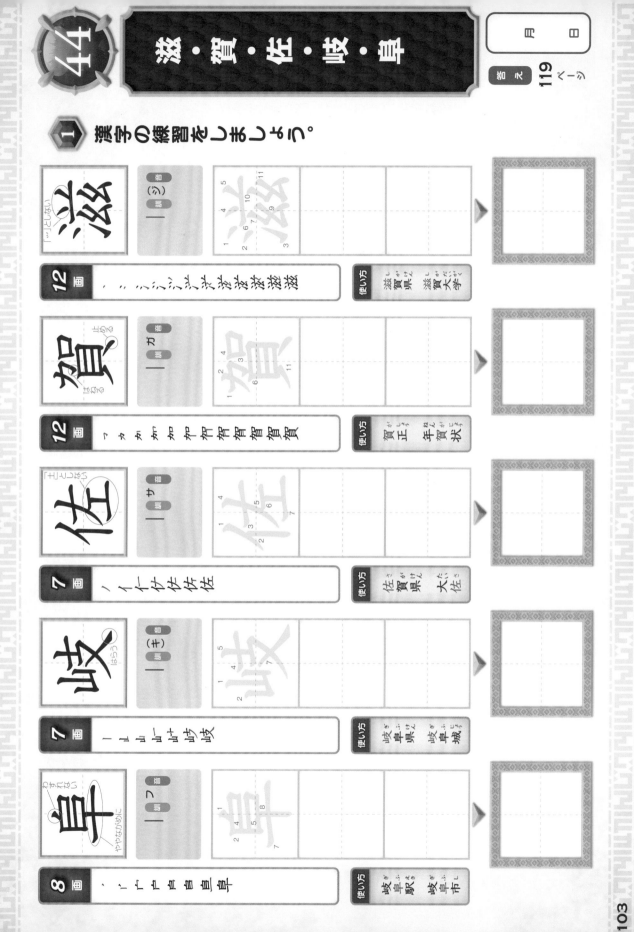

① 漢字の練習をしましょう。

滋	音 シ 訓 ―	12画	`丶丶丶氵汁汁汁滋滋滋滋滋`	使い方 滋賀県 滋賀大学
賀	音 ガ 訓 ―	12画	`フカカカ加加智智智賀賀賀`	使い方 賀正 年賀状
佐	音 サ 訓 ―	7画	`ノイイ仁佐佐佐`	使い方 佐賀県 大佐
岐	音 キ 訓 ―	7画	`｜山山山山岐岐`	使い方 岐阜県 岐阜城
阜	音 フ 訓 ―	8画	`丶ｆｆ白白自卓阜`	使い方 岐阜駅 岐阜市

ビッグバンという、いろんなところからいくつも本もの発射できる。ビッグバンから、どちらの方向へ向かっても本もの発射できる。

③ □□に当てはまる漢字を書きましょう。

① □□の特産品を調べる。
（ぎ・ふ／とくさんひん・しら）

② □□□を見学する。
（ぎ・じ・どう／けんがく）

③ □□のびわ湖をおとずれる。
（し・が）

④ 社長は□□する役目を負う。
（ほ・さ）
★補佐…人を助けて、その仕事を助けること。

⑤ 友人に□□状を出す。
（ねん・が／じょう・だ）

② ——線の漢字の読みがなを書きましょう。

① 滋賀県 （　　　　）

② 賀正 （　　　　）
★賀正…新年を祝う言葉。

③ 大佐 （　　　　）
★大佐…軍隊の階級の一つ。

④ 岐阜県 （　　　　）

熊・群・香・埼・崎

① 漢字の練習をしましょう。

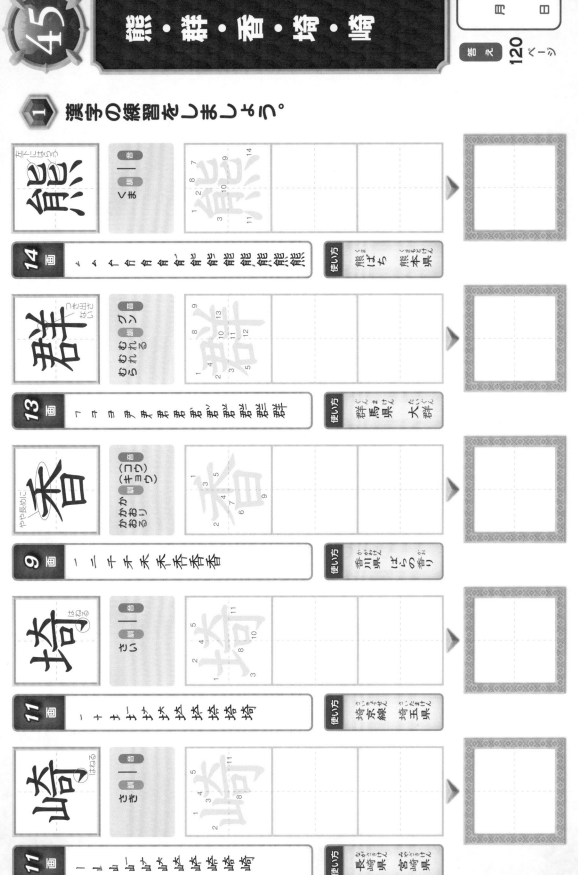

熊
音 —
訓 くま

14画　ノ　ム　ム　ゟ　今　育　育　育　育　能　能　能　熊　熊

使い方　熊ばち　熊本県

群
音 グン
訓 むら・むれる・むら

13画　ｱ　ｺ　ｺ　ｺ　尹　君　君　君'　群'　群'　群'　群'　群

使い方　群馬県　大群

香
音 コウ（キョウ）
訓 か・かおり・かおる

9画　一　ｰ　千　禾　禾　禾　香　香　香

使い方　香川県　かおり

埼
音 —
訓 さい

11画　一　十　土　ナー　ナ　埼　埼　埼　埼

使い方　埼京線　埼玉県

崎
音 —
訓 さき

11画　一　�　山　山ㄱ　山ㄇ　崎　崎　崎　崎

使い方　長崎県　宮崎県

ドリルのなまえの「ドリル」は、もともと「きり」のこと。きりで木から火をおこすように、ドリルをやることであたまがよくはたらくようになる、という意味があるよ。

シールをはろう！

答え合わせをして⑮の

3 □に当てはまる漢字を書きましょう。

① □□□（なが・さき・けん）の名所を調べる。

② 鳥の□れ（む）が□（むら）に□る。

③ 花の□り（お）が辺（あた）りに□る（か）。

④ JR□□□（さい・きょう・せん）を利用（りよう）する。

⑤ □（へ）がはらおう……みんなで冬みをんする。

2 ──線の漢字の読みがなを書きましょう。

① 熊本県（　　　　）

② 群馬県（　　　　）

③ 香川県（　　　　）

④ 埼玉県（　　　　）

46 鹿・井・沖・縄・徳

答え 120ページ

❶ 漢字の練習をしましょう。

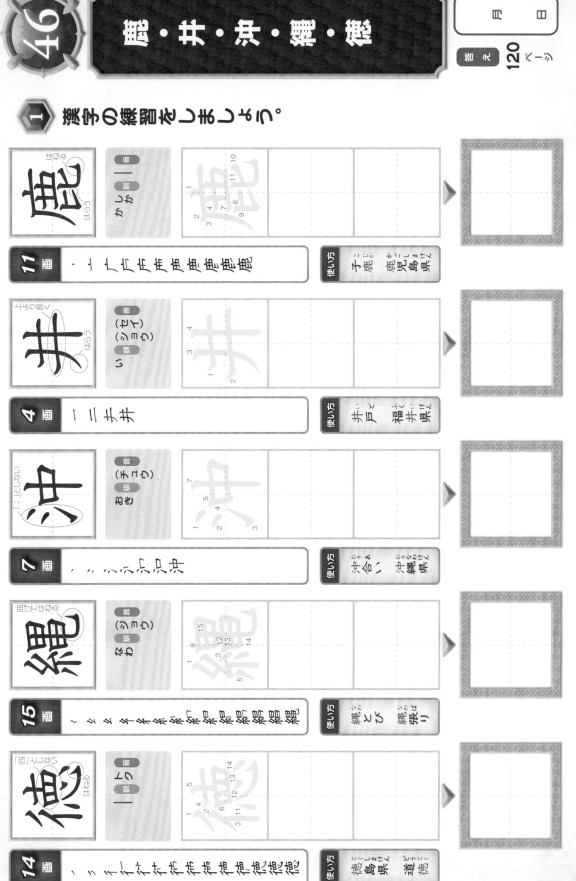

鹿　はねる　かしら
音　─
訓　か

11画　一ナ广广广庐庐鹿鹿鹿鹿

使い方　子鹿　鹿児島県

井　きの長く　はらう
音　（セイ）（ショウ）
訓　い

4画　一二チ井

使い方　井戸　福井県

沖　はらない　はらう
音　（チュウ）
訓　おき

7画　丶氵氵沪沪沪沖

使い方　沖合い　沖縄県

縄　曲げてはねる　はらう
音　（ジョウ）
訓　なわ

15画　幺幺幺幺幺幺幺紀紀紀紀縄縄縄縄

使い方　縄とび　縄張り

徳　「罒」とつなげる　はねる
音　トク
訓　─

14画　丿彳彳彳衤衤衤徳徳徳徳徳徳

使い方　徳島県　道徳

③ □に当てはまる漢字を書きましょう。

① 冷たい〔　〕〔　〕〔　〕を飲む。
（に・み・す）

② 〔　〕〔　〕の授業を受ける。
（たい・いく）

③ 〔　〕〔　〕が元気にかけ回る。
（こ・いぬ）

④ 〔　〕とびの練習をする。
（なわ）

⑤ 〔　〕〔　〕に船を出す。
（おき・あい）
★おきあい…海や湖で、岸からはなれた海面。

---

② ――線の漢字の読みがなを書きましょう。

① 鹿児島県 （　　　　　）

② 福井県 （　　　　　）

③ 沖縄県 （　　　　　）

④ 徳島県 （　　　　　）

栃・奈・梨・阪・富

❶ 漢字の練習をしましょう。

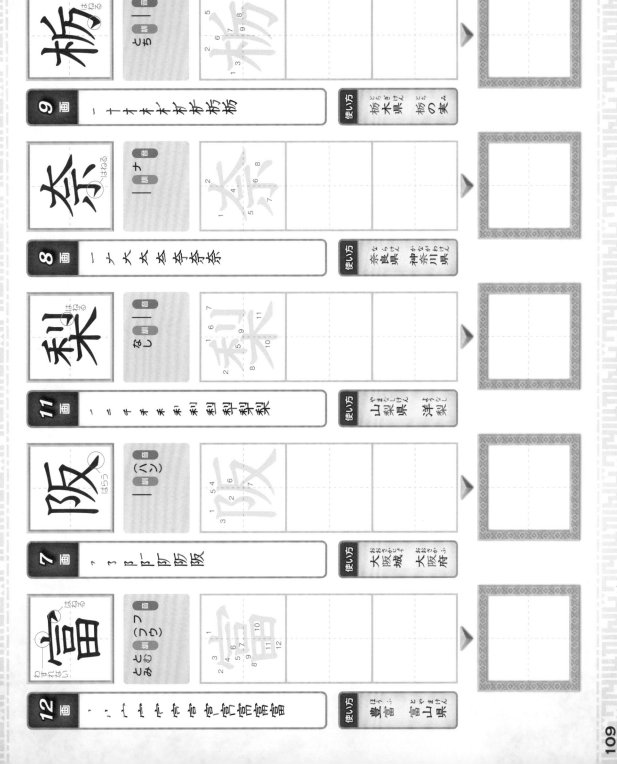

栃 とち

音 —
訓 —

9画　一 十 オ 木 杧 杬 杤 栃 栃

使い方　栃木県 栃の実

奈 なら

音 ナ
訓 —

8画　一 ナ 大 太 杏 本 奈 奈

使い方　奈良県 神奈川県

梨 なし

音 リ
訓 —

11画　一 二 千 禾 禾 利 利 梨 梨 梨 梨

使い方　山梨県 洋梨

阪 はん

音 （ハン）
訓 —

7画　フ ３ β ド 阝 阢 阪 阪

使い方　大阪城 大阪府

富 とむ

音 フ（フウ）
訓 とむ・とみ

12画　丶 ヽ 宀 宀 宀 富 富 富 富 富 富

使い方　豊富 富山県

シールを
はろう！
こたえあわせを
して

３ □に当てはまる漢字を書きましょう。

① 祖父母の家は □□□（おおさかふ） にある。

② □□（ようなし） を食べる。

③ □（とち） の実を拾う。

④ 変化に □（と）んだ物語。

⑤ □□□□（かながわけん） の観光地。

がんばって
ね！

２ ── 線の漢字の読みがなを書きましょう。

① 栃木県 （　　　　）

② 奈良県 （　　　　）

③ 山梨県 （　　　　）

④ 富山県 （　　　　）

48 漢字のふく習 ⑦

1 ——線の漢字の読みがなを書きましょう。

（　　　　）
① 沖縄の海で泳ぐ。

（　　　　）
② 埼玉大学に通う。

（　　　　）
③ 愛媛名産のみかん。

（　　　　）
④ 宮崎の地どり。

（　　　　）
⑤ 大阪城を見る。

（　　　　）
⑥ 奈落の底に落ちる。
★ 奈落の底 … 地ごくの底。ぬけ出すことができない苦しい身の上。

2 ——線の漢字の読みがなを書きましょう。

①
（　　　　）
親子の鹿に出合う。

（　　　　）
鹿の子しぼりの着物。
★ 鹿の子しぼり … 鹿のせなかのまだらのように、白くまだらをそめ出したそめ物。

②
（　　　　）
商品が豊富にある。
★ 豊富 … たくさんあること。

（　　　　）
よ方の富をきずく。

ちょうせんもんだい

ガラスのトンネルをくぐりぬけると、親子がまちうけていました。この後は何がおこるのかな。

---

④ ——線の言葉を、漢字と送りがな（　　）に書きましょう。

① 小魚がむれる。

（　　　　　　　）

② 梅の花がかおる。

（　　　　　　　）

---

3 □に当てはまる漢字を書きましょう。

① □□から□□まで車で行く。

② □の親子が□の実を食べる。

③ □□□□の□□を買う。

★ど、ぢ、づ…ねんのため、かくにんしてね。

④ □□県と□□県は、となり合っている。

答え

おうちの方へ

まちがえた問題は、見直しをして
しっかり理解させましょう。

1 良・好・笑・泣　15〜16ページ

2
①りょうこう　②だいす
③おおわら　④な

3
①笑　②(仲)良　③泣
④好物　⑤好

2 成・功・失・敗・求　17〜18ページ

2
①せいちょう　②こう
③しっぱい　④きゅう

3
①求　②敗　③成功
④成　⑤見失

アドバイス　2　③「失」は、下に
続く漢字によって「しっ」と
読むことがあります。「失敗」の
「失」は「しっ」と読みます。

3 冷・静・信・仲・共　19〜20ページ

2
①れいせい　②じしん
③なかなお　④きょうつう

3
①信号　②冷　③共(働)
④静　⑤仲間・信

アドバイス　2　①「冷静」の「冷」
には、「つめ(たい)」「ひ(える)」
「ひ(や)」「ひ(やす)」「ひ(やか
す)」「さ(める)」「さ(ます)」と
たくさんの訓読みがあるので、まと
めて覚えておきましょう。

4 希・望・念・願・愛　21〜22ページ

2
①きぼう　②きねん
③がんぼう　④あい

3
①念願　②望　③愛犬
④念願　⑤古希

5 夫・老・孫・博　23〜24ページ

2
①のうふ　②ろうじん
③しそん　④はく

3
①年老　②孫　③博物館
④夫　⑤夫人

6 漢字のふく習①　25〜26ページ

1
①まご　②おっと　③せいこう
④ねが　⑤はくあい
⑥だいは

2
①ひ・さ　②この・す

3
①希望　②泣・笑　③老犬
④仲間・共

4
①静まる　②失う

アドバイス　3　②「な(く)」は、
けものや鳥、虫などが声を出す場合
には「鳴」、人間がなみだを流す場
合には「泣」と書きます。
4　②送りがなを「失なう」とまち
がえないようにしましょう。

117

39 選・挙・説・管・官 93〜94ページ

② ①せんきょ ②でんせつ ③けっかん ④がいこうかん

③ ①官 ②説明 ③挙 ④管 ⑤選

アドバイス **③** 同じ部分を持つ①「官」と④「管」は、意味によって正しく書き分けましょう。⑤「選」の「しんにょう」は最後に書くことに注意。

40 法・令・民・臣・票 95〜96ページ

② ①ほうれい ②みんぞく ③だいじん ④とうひょう

③ ①国民 ②家臣 ③投票 ④作法 ⑤年令

アドバイス **③** ⑤「年令」の「令」は、多くの場合、中学校で習う「齢」という字を使って「年齢」のように表記します。

41 軍・兵・隊・旗・輪 97〜98ページ

② ①ぐんじん ②くんたい ③こうき ④しゃりん

③ ①首輪 ②軍手 ③兵庫県 ④旗 ⑤隊列

アドバイス **③** ④「旗」の右側の「其」の部分を正しく書けているかたしかめておきましょう。

42 漢字のふく習⑥ 99〜100ページ

① ①ゆび・わ ②つ ③たいぐん ④と ⑤こうぎ ⑥ひょうご

② ①くんしゅ・ひょうごけん ②にん・やじるし

③ ①選手・努力家 ②勇者・達人 ③法令・改正 ④大臣・長官

④ ①伝える ②働く

43 茨・城・媛・岡・潟 101〜102ページ

② ①いばらきけん ②えひめけん ③おかやまけん ④にいがたけん

③ ①潟 ②静岡・城 ③茨 ④愛媛 ⑤城下町

アドバイス **②** ①「茨城県」は、「いばらぎけん」とにごって読まないように注意しましょう。また、地名を表す言葉の場合、訓読みにはない特別な読み方をすることもあります。

44 滋・賀・佐・岐・阜 103〜104ページ

② ①しがけん ②がしょう ③たいさ ④ぎふけん

③ ①佐賀 ②岐阜城 ③滋賀 ④佐 ⑤年賀

ゴール

歩 ← 節 ← 約
      ↑
数 ← 類
↑
数席 → 順 → 点
            ↑
            出 ← 欠
                 ↑
                 スタート

③
③しょうじょう書きますが、「坂」の右側が「反」となっていることに注意しましょう。「坂」「阪」のちがいに気をつけておき正

アドバイス
③「大阪府」の「阪」は、「坂」とまちがえないように、「坂」「阪」の部分をよく見て大阪の「阪」の部分を正しく書きましょう。

③
①大阪府 ②神奈川県
③栃 ④なら
⑤神奈川 ②やまなしけん
③とちぎけん ④ならけん
①とちぎけん

② アドバイス

---

47 栃・奈・梨・阪・富 109〜110ページ

② ①とちぎけん ②ならけん ③やまなしけん ④... ⑤...

---

46 熊・井・沖・縄・徳 107〜108ページ

③
④なわとび
①... ②... ③...
⑤...

②
①かごしま ②... ③... ④おきなわ ⑤...

③
①... ②... ③こ ④... ⑤...

④
①縄 ②井戸 ③徳 ④沖 ⑤... 鹿

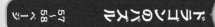

完全無欠

熱 欠 無 必 共 漁 衣

パズル ドラゴンのパズル 57〜58ページ

①

---

45 熊・群・香・埼・崎 105〜106ページ

② ①くまもとけん ②... ③... ④ながさきけん ⑤さいたまけん

③ ①くまもと ②... ③かがわ ④ぐんま ⑤...

アドバイス
③「群」の「郡」と区別して書きましょう。「群」は「郡」とまちがえて書く部分を正しく書き分けましょう。

---

48 漢字のふく習⑦ 111〜112ページ

① ①おさめる ②... ③ぎふ ④ふくい ⑤... ⑥...

② ①おおいわ ②えびな ③... ④みな ⑤... ⑥...

③ ①しか ②ふくおか ③... ④くまもと ⑤... ⑥さが

④ ①群れる ②香る ③徳用品 ④梨 福岡 熊 栃